(Consulter la Couverture)

Bibliothèque de Philosophie scientifique

FÉLIX LE DANTEC

Chargé de cours à la Sorbonne

La Lutte Universelle

« Être c'est lutter, vivre c'est vaincre. »

PARIS

ERNEST FLAMMARION, ÉDITEUR

26, RUE RACINE, 26

Quatrième Mille.

Bibliothèque de Philosophie scientifique
DIRIGÉE PAR LE Dr GUSTAVE LE BON

Les faits scientifiques se multiplient tellement qu'il devient impossible d'en connaître l'ensemble. Les savants sont obligés de se confiner dans des spécialités très circonscrites.

Malgré des découvertes incessantes, les principes généraux qui dirigent chaque science et constituent son armature philosophique sont toujours peu nombreux. Ils changent fort rarement et ne peuvent même changer sans que la science qu'ils inspiraient se transforme entièrement. L'évolution profonde subie par les sciences physiques et naturelles depuis cinquante ans est la conséquence du changement des principes philosophiques qui leur servaient de soutien et dirigeaient les travaux des chercheurs.

Pour se tenir au courant des connaissances scientifiques, philosophiques et sociales actuelles, il faut s'attacher surtout à connaître les principes qui sont l'âme de ces connaissances et constituent en même temps leur meilleur résumé.

C'est dans le but de présenter clairement la synthèse philosophique des diverses sciences, l'évolution des principes qui les dirigent, les problèmes généraux qu'elles soulèvent, que la Bibliothèque de Philosophie scientifique a été fondée. S'adressant à tous les hommes instruits, elle est destinée à prendre place dans toutes les bibliothèques.

VOLUMES PARUS :

La Valeur de la Science, par H. Poincaré, membre de l'Institut, professeur à la Sorbonne (8e mille).
La Science et l'Hypothèse, par H. Poincaré, membre de l'Institut, professeur à la Sorbonne (10e mille).
La Vie et la Mort, par le Dr A. Dastre, membre de l'Institut, professeur de Physiologie à la Sorbonne (6e mille).
Nature et Sciences naturelles, par Frédéric Houssay, professeur de Zoologie à la Sorbonne (4e mille).
Psychologie de l'Education, par le Dr Gustave Le Bon (6e mille).
Les Frontières de la Maladie, par le Dr J. Hénicourt (4e mille).
Les Influences ancestrales, par Félix Le Dantec, chargé de cours à la Sorbonne (6e mille).
Les Doctrines Médicales. Leur évolution, par le Dr E. Boinet, professeur de clinique médicale, agrégé des Facultés de Médecine (3e mille).
L'Evolution de la Matière, par le Dr Gustave Le Bon (9e mille).
La Science moderne et son état actuel, par Emile Picard, membre de l'Institut, professeur à la Sorbonne (6e mille).
L'Ame et le Corps, par A. Binet, directeur du laboratoire de psychologie à la Sorbonne (3e mille).
La Lutte Universelle, par Félix Le Dantec, chargé de cours à la Sorbonne.

VOLUMES EN PRÉPARATION :

Les Procédés de raisonnement dans les Sciences naturelles et sociales, par Edmond Perrier, membre de l'Institut, directeur du Muséum.
Les Problèmes de l'Evolution, par Yves Delage, membre de l'Institut, professeur à la Sorbonne.
Microbes et Toxines, par le Dr Charrin, professeur au Collège de France.
La Religion et la Science dans la philosophie contemporaine, par Emile Boutroux, membre de l'Institut, professeur à la Sorbonne.

8º R
20620

La Lutte Universelle

AUTRES OUVRAGES DU MÊME AUTEUR

A la librairie E. Flammarion :

Les Influences ancestrales (6ᵉ mille). 1 vol. in-18 . . .   3 50

A la librairie Félix Alcan :

Théorie nouvelle de la vie. 3ᵉ édition. 1 vol. in-8, cart.   6 »
Le Déterminisme biologique et la personnalité consciente. 2ᵉ édition. 1 vol. in-16. . . . .   2 50
L'Individualité et l'erreur individualiste, 2ᵉ édition. 1 vol. in-16. . . . .   2 50
Évolution individuelle et hérédité. 1 vol. in-8, carton.   6 »
Lamarckiens et Darwiniens. 2ᵉ édition. 1 vol. in-16 . .   2 50
L'Unité dans l'être vivant. 1 vol. in-8. . . . .   7 50
Les Limites du connaissable. 2ᵉ édition. 1 vol. in-8. .   3 75
Traité de Biologie. 2ᵉ édit. 1 vol. grand in-8 illustré. . 15 »
Les Lois naturelles. 1 vol. in-8. . . . .   6 »
Introduction à la Pathologie générale . . . . 15 »

A la librairie A. Colin :

Le Conflit. Entretiens philosophiques. 4ᵉ édit. 1 vol. in-16.   3 50

A la librairie Masson :

La Sexualité . . . .   2 »
La Matière vivante. (Épuisé) 2 50
Les Sporozoaires. (En collaboration avec L. Bérard). . .   2 50
La Bactérie charbonneuse 2 50
La Forme spécifique. 2 50

Bibliothèque de Philosophie scientifique

La
Lutte Universelle

PAR

FELIX LE DANTEC

CHARGÉ DE COURS A LA SORBONNE

« Être c'est lutter, vivre c'est vaincre. »

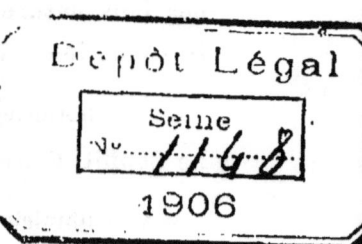

PARIS
ERNEST FLAMMARION, ÉDITEUR
26, RUE RACINE, 26
—
1906
Droits de traduction et de reproduction réservés pour tous les pays,
y compris la Suède et la Norvège.

Published, Paris, 20 mars 1906.
Privilege of Copyright in the United States reserved under the Act
approved March 3, 1905,
by Ernest Flammarion, Paris.

Publié à Paris, le vingt mars mil neuf cent six.
Privilège du droit d'auteur aux États-Unis, réservé en vertu de la loi
sanctionnée le 3 mars 1905,
par Ernest Flammarion, éditeur à Paris..

A mon Ami

Frédéric DUMAREST

Médecin en chef du Sanatorium Mangini

INTRODUCTION

LA NOTION DE LUTTE ET L'HÉRÉDITÉ GÉNÉRALISÉE

Être c'est lutter, vivre c'est vaincre.

La tournure d'esprit qui engendra le polythéisme grec n'a pas été modifiée par vingt siècles de christianisme ; elle est facilement reconnaissable chez ceux de nos contemporains qui chantent « la vie des pierres », « l'âme des choses »…, etc.; les mystiques trouveront longtemps encore un aliment facile dans ce langage imagé ; longtemps encore il sera permis aux poètes d'affirmer que la mer « parle », que « c'est quelqu'un de vivant », et ces fictions seront agréables à l'oreille de l'homme, parce qu'elles répondent à un besoin de l'homme qui aime à se retrouver dans la nature entière. Rien ne paraît plus clair à l'homme que l'homme lui-même ; les seules théories qui lui donnent une satisfaction complète, qui lui procurent l'illusion d'une *explication* réelle, sont celles qui peuplent la nature d'activités calquées sur la sienne ; jadis, ces activités anthropomorphiques s'appelaient des dieux ; aujourd'hui, on les appelle des « âmes » ou des « vies », mais c'est toujours la même chose.

Les poètes qui personnifient les éléments de la nature brute, n'ont pas, je pense, la prétention de faire œuvre scientifique ; ils savent seulement que leur langage synthétique sera favorablement accueilli parce que sa compréhension demande peu d'efforts ; mais des hommes de science, qui n'ont pas l'excuse d'être des poètes, ont repris récemment, pour la développer et l'étayer d'exemples bien étudiés, l'affirmation de Cardan : « Les pierres vivent ; elles sont susceptibles de maladie, de vieillesse et de mort » ; ce faisant, ils n'ont obtenu d'autre résultat que celui, peu enviable, d'avoir transformé en une expression dépourvue de sens un mot parfaitement défini [1].

Nous classons tous les corps de la nature en corps vivants et corps bruts ou morts ; quand un des êtres de la première catégorie subit certaines transformations que l'on résume d'un seul mot en disant qu'il *meurt,* il passe dans la seconde catégorie ; il a perdu le « quelque chose » qui le distinguait des pierres et que l'on appelait sa vie ; affirmer que les corps bruts sont vivants, cela revient à dire que les corps morts ne sont pas morts ; et voilà un phénomène très net, la mort, qui ne signifie plus rien !

Si l'on veut conserver au langage la précision qui caractérise les choses scientifiques, il faut, au contraire, essayer de définir la *vie,* « l'ensemble des propriétés par lesquelles les corps dits vivants *se distinguent* des corps dits bruts » ; si, ce travail une fois

---

[1]. Le professeur Dastre a discuté cette question dans un volume de la Bibliothèque de philosophie scientifique : *La Vie et la Mort.*

fait, on trouve dans les corps bruts quelques-unes des particularités que l'on avait considérées comme l'apanage des êtres vivants, cela prouvera seulement que l'on s'était trompé et que le travail est à refaire. Les savants auxquels je faisais allusion tout à l'heure ont commis cette erreur de méthode, de s'imaginer savoir *a priori* ce que c'est que la vie, et, trouvant ensuite dans les corps bruts quelques-uns des attributs de leur définition *a priori*, d'en conclure que les corps non vivants sont vivants, au lieu de se dire que leur définition était mauvaise. Imaginez, prenant la question à rebours, que l'on ait considéré le poids comme une caractéristique des corps morts; constatant ensuite que les êtres doués de vie sont pesants, vous n'en conclurez pas que les vivants sont morts, mais que le poids n'est pas l'apanage exclusif de la matière brute.

La biologie a pour objet la recherche de ce qui est commun à tous les êtres vivants, tant animaux que végétaux, et n'existe que chez eux. Quand on se livre à son étude, on doit s'attendre à bien des étonnements; on constate, par exemple, que, contrairement à l'opinion générale, la spontanéité du mouvement n'a rien à voir avec la définition de la vie. J'ai consacré plusieurs ouvrages à la biologie; je voudrais dans ce livre, au lieu de m'arrêter à ce qui est l'apanage *exclusif* des corps vivants, m'occuper, au contraire, de ces particularités qui, appartenant à des êtres doués de vie, étant même de celles qui nous frappent peut-être le plus dans leur étude, *ne sont cependant pas caractéristiques de la vie*. Ce sont précisément ces particularités qui, illégitimement considérées *a priori* comme faisant partie de la définition exclusive des êtres vivants, ont amené les auteurs à parler de la vie des corps bruts.

Une étude conçue dans ce sens présentera un double intérêt; non seulement elle empêchera de faire du mot « vie » un emploi incorrect et favorable au mysticisme antiscientifique; elle nous enseignera, en outre, pour les corps bruts, un langage synthétique, un langage individualiste, qui présente, il est vrai, des dangers philosophiques, mais qui néanmoins, employé avec quelques précautions, se montrera d'une grande fécondité. Ce langage est celui de *la lutte universelle*.

C'est, en effet, dans des phénomènes qui peuvent être ramenés à des luttes, à des « corps à corps » que se rencontrent toutes les particularités auxquelles on s'est adressé pour déclarer que les corps bruts sont vivants; pour raconter ces « corps à corps », il faut naturellement douer de personnalité tous les objets qui nous entourent. Ce n'est là, sans doute, qu'un artifice de langage, mais qu'est-ce qu'un système philosophique sinon une manière de s'exprimer?

L'idée de lutte est tirée de l'observation des hommes, ou, tout au moins, des animaux; quand deux hommes ou deux animaux luttent ensemble, c'est pour conquérir un certain avantage; la notion de lutte est inséparable de la notion d'avantage, de bénéfice, notion qui ne saurait elle-même se passer de l'idée d'individu, de personne. Si donc l'on veut étendre à tous les corps de la nature une manière de parler primitivement réservée aux animaux, il faut douer de personnalité, d'individualité, les corps bruts aussi bien que les corps vivants. C'est d'ailleurs ce que nous faisons fatalement du moment que nous donnons un nom à un corps, à un agent naturel quelconque. Voici, fichée dans le mur, une lame d'acier flexible, le vent, en passant, la courbe, mais une fois qu'elle est suffisamment courbée, elle *résiste* au vent, tant que le vent ne devient pas plus fort. Nous disons que la lame d'acier lutte contre le vent, qu'elle résiste aux efforts du vent; nous prêtons au vent l'effort qu'il nous faudrait à nous-même pour courber le ressort; nous prêtons à la lame d'acier l'effort qui nous serait nécessaire pour résister au vent; nous avons personnifié le vent et le ressort; bien plus, nous avons imaginé des entités actives, que nous appelons des efforts, des forces, des tensions; ce sont les dieux des polythéistes.

On peut se demander jusqu'à quel point ce langage anthropomorphique est utile; il est si naturel à l'homme, que nous ne saurions nous en passer; nous devons donc essayer d'en tirer parti. Nous y arriverons en remarquant que le ressort, s'il est de bonne qualité, se pliera de la même manière toutes les fois qu'il sera soumis à l'action du même vent agissant dans les mêmes conditions; au moyen d'une graduation empirique, nous trouverons donc, dans la flexion du ressort, une mesure indirecte de la vitesse du vent; mais nous savons, d'autre part, mesurer directement cette vitesse, au moyen d'un anémomètre; par conséquent, nous pouvons songer à établir une correspondance numérique entre l'effort, notion humaine que nous acquérons en ployant un ressort d'acier, et une vitesse ou une variation de vitesse, c'est-à-dire quelque chose dont la mesure se ramène à une mesure de longueur et une mesure de temps. Il y a des relations mathématiques entre ces entités mystérieuses que nous appelons des forces et tous les phénomènes dont la connaissance se ramène à des mesures de longueur et des mesures de temps. Cela étant, nous garderons notre langage anthropomorphique ; nous continuerons à nous servir des *forces*, qui parlent à notre imagination humaine, mais nous saurons remplacer la mesure de ces forces par la mesure de vitesses ou de variations de vitesse, autrement dit, par la mesure de longueurs et de temps. Et là, toute idée de personnalité, d'individualité aura disparu ; à une sensation humaine nous aurons substitué une notion scientifique[1].

L'idée de lutte étant en rapport avec l'idée de force, nous sommes en droit de nous demander si nous ne pourrons pas faire pour la lutte ce que nous avons fait pour la force ; si, transportant la notion de lutte du domaine humain dans le domaine brut, nous ne réussirons pas à la préciser, à l'épurer en quelque sorte, en l'étudiant dans des phénomènes mesurables directement ; la lutte aura perdu son caractère originel ; elle aura pris une signification scientifique et nous aurons tout avantage à la ramener ensuite, ainsi épurée et transformée, dans l'histoire des animaux et de l'homme qui lui avait servi de point de départ ; nous aurons obtenu un nouveau langage qui pourra être extrêmement fécond tant pour l'étude

---

1. J'exprime grossièrement et élémentairement ici une idée que j'ai longuement développée dans un autre ouvrage : *Les Lois naturelles.* Paris, Alcan, 1904.

des êtres vivants que pour celle des phénomènes de la physique et de la chimie.

L'exemple du ressort d'acier courbé par le vent nous remet naturellement en mémoire une autre expression équivalant à celle de la « *lutte universelle* »; on dit, en effet, lorsque le ressort reste courbé sous l'influence du vent, que la flexion du ressort *fait équilibre* à la pression du vent; si le vent augmente de vitesse, le ressort se courbe d'avantage; si le vent faiblit, le ressort se redresse; à chaque instant la mesure de la flexion du ressort permet de connaître la vitesse du vent; il y a entre ces deux quantités une *relation* que l'on exprime en disant qu'elles se font équilibre. Malgré l'apparence statique des choses de la nature, des corps solides surtout, nous arriverons à concevoir que tout corps, quel qu'il soit est, à un certain point de vue, comparable au ressort d'acier courbé par le vent: il *résiste* à des causes de changement, il est *en lutte, en équilibre,* avec d'autres corps. L'existence même de ce que nous appelons un corps est le résultat d'une lutte.

Ceux qui aiment à tirer de l'histoire des atomes ou des étoiles des modèles à proposer aux sociétés humaines profiteront de cette constatation pour déclarer que la guerre est la grande loi naturelle; ils imiteront en cela M. Frédéric Passy qui rappelait récemment, à l'appui de la thèse pacifiste, ce passage de Saint-Augustin : « Les choses elles-mêmes nous enseignent la fraternité; un édifice ne tiendrait pas debout si les pierres qui le composent n'étaient liées les unes aux autres par une sorte d'affection mutuelle, *si non se quodam modo amarent*[1]. » Il

1. *Revue de la Paix*, avril 1905.

nous paraîtra au contraire que chaque corps vivant ou brut est en lutte perpétuelle avec les autres corps; nous essaierons d'établir ici, les conditions de cette lutte, mais nous n'aurons pas la prétention d'en tirer des règles de conduite pour les peuples.

L'idée de lutte résultant de l'observation des animaux, c'est chez les êtres vivants que nous devons essayer d'abord d'en préciser la signification. Il faudra d'ailleurs, dès le début, faire intervenir des corps bruts dans la question, car le phénomène *immédiat* de la lutte se passe entre l'individu et son ambiance, bien plus souvent qu'entre l'individu et un autre individu. On peut même définir la vie : « l'envahissement du milieu par l'être vivant » ou tout au moins « la résistance de l'être vivant aux actions destructives du milieu ». C'est là une lutte au sens rigoureux du mot.

Le résultat le plus évident de l'acte vital est la conservation par l'individu de ses propriétés, de son *hérédité* en un mot; ce résultat est encore plus remarquable quand l'individu s'*accroît* ou se multiplie en conservant ses caractères spécifiques, et impose, par là même, à des parties nouvelles de l'ambiance, son hérédité personnelle. J'emploie ici, à dessein, le mot hérédité dans un sens plus large que celui qu'on lui attribue généralement; la notion biologique d'hérédité a, en effet, pour origine, la comparaison des formes et des propriétés des enfants avec les formes et les propriétés des parents; quand on parle de l'hérédité, on pense exclusivement à celle qui se manifeste dans la *reproduction* des individus vivants;

on admire la conservation de l'espèce, et l'on oublie que la conservation de l'être lui-même, la prolongation de son existence dans le temps, sont, en dernière analyse, le résultat des mêmes phénomènes élémentaires. Si je suis aujourd'hui ce que j'étais hier, si, du moins, je diffère assez peu de ce que j'étais hier pour être parfaitement reconnu par ceux qui m'ont vu, si j'ai très peu changé malgré les innombrables réactions chimiques qui se sont passées en moi et ont renouvelé ma substance, c'est que je suis vivant et que mon corps d'aujourd'hui a *hérité* de presque toutes les propriétés de mon ancien corps resté vivant. Cette transmission des qualités individuelles à travers les vicissitudes de la vie de l'être est précisément la caractéristique de la vie ; la conservation de l'être est aussi remarquable que la conservation de l'espèce résultant de la multiplication des êtres.

Je *transporte* avec moi, dans les différents points de l'espace que j'occupe les uns après les autres, presque toutes les particularités qui définissent mon individu. Ces particularités changent petit à petit, ce que j'exprime en disant que j'évolue, mais elles changent assez lentement tant que je vis, pour que l'on me reconnaisse sous les aspects successifs que je prends, et c'est pour cela que je conserve le même nom, c'est pour cela que je suis un individu, un être, *un corps*.

Pour un observateur, humain comme moi, je change si peu que j'ai l'air de ne pas changer du tout ; aussi m'attribue-t-on gratuitement une existence absolue; on me compare à ces *corps* qui semblent immuables dans la lenteur de leur évolution, comme une pièce d'or, un cristal de quartz, corps solides, corps par excellence; la pièce d'or, le cristal de quartz, transportés d'un point à un autre dans les milieux où nous vivons, *paraissent* exister par eux-mêmes, indépendamment des conditions réalisées autour d'eux. L'observation des corps solides à joué un rôle capital dans l'éducation de l'homme, dans la genèse de sa logique actuelle : rien n'est plus commode pour nous que la présence de choses immuables servant de repère et permettant de noter les variations des choses qui varient...

En réalité, si l'on y regarde de plus près, on voit que c'est là une illusion ; la pièce d'or passant au voisinage d'une source intense de chaleur se transformera en un liquide ou en un gaz, et conservera cet aspect nouveau jusqu'à ce que les hasards de la température lui rendent une forme solide *différente* de la première[1]. Au lieu donc d'emprunter aux corps solides, pour la prêter aux corps vivants, la notion trompeuse d'immutabilité, il est plus philosophique de se défier des considérations statiques, et de se demander s'il n'y aurait pas avantage à faire sortir du domaine biologique pour la généraliser, dans le langage, à tous les objets de la nature, l'idée de la variabilité des corps sous l'influence des conditions locales ; peut-être devrons-nous nous étonner devant une pièce d'or qui transporte avec elle, de bourse à bourse, ses propriétés de pièce d'or, comme nous nous étonnons devant un homme qui transporte avec lui, de maison en maison, ses propriétés d'homme. Et si réellement, le fait de conserver ses propriétés d'homme, au cours d'une existence, est le résultat

---

1. Et même des propriétés chimiques différentes si de l'eau régale s'est trouvée sur son chemin.

de phénomènes élémentaires analogues à ceux d'où proviennent la transmission, du père au fils, des qualités individuelles et spécifiques, si l'on doit parler d'hérédité, et au même titre, pour rappeler la conservation de l'être et pour rappeler la conservation de l'espèce, il peut être avantageux de rattacher la notion biologique d'hérédité à une notion plus vaste, celle de la transportabilité par un corps, d'un point à un autre, de quelques-unes des propriétés qui lui sont *inhérentes*, car il est bien certain que, si un homme n'avait pas des qualités personnelles *durables*, on ne pourrait parler de la transmission héréditaire de ces qualités.

S'il n'y avait dans la nature brute que des phénomènes simples, comme le changement d'état des corps, le passage de l'état solide à l'état liquide ou gazeux, une telle innovation dans le langage pourrait sembler puérile; elle me paraît au contraire devoir être très féconde, quand il s'agira des transformations et des actions réciproques de ces corps qui sont à mi-chemin entre la nature vivante et la nature brute, et que l'on appelle les corps colloïdes; pour l'étude de ces corps qui ne sont ni solides ni liquides, la notion d'hérédité généralisée sera extrêmement précieuse, ainsi que j'espère le montrer dans cet ouvrage. L'étude des substances vivantes nous sera particulièrement utile à cet égard et cela pour des raisons qu'il est facile de comprendre.

Voici, par exemple, de l'or fondu; il se solidifie par refroidissement et adopte une forme rigide qui dépend des conditions réalisées autour de lui *au moment même* de sa solidification; il peut devenir pépite, bouton de manchette, livre sterling, et il gardera ensuite fort longtemps, s'il est à l'abri des influences destructives, cette forme caractéristique des conditions qui ont entouré sa solidification.

Voici, de même, l'encre de ma plume ; je la répands sur le papier et elle y dessine des lettres qui dépendent de mon état actuel[1] ; puis elle sèche et gardera ensuite, tant que le papier ne sera pas détruit ou soumis à des influences délétères, la forme qu'elle prend en ce moment. Le manuscrit, tant qu'il durera, fixera un moment de l'histoire locale du monde, moment passé à tout jamais et dont ce manuscrit transportera le souvenir avec lui, de bibliothèque en bibliothèque, jusqu'à ce qu'il soit brûlé ou détrempé.

Je m'aperçois que j'ai pris là, par hasard, deux exemples, celui de la pièce d'or et celui du manuscrit, qui jouent un rôle particulièrement important dans la société des hommes. C'est au moyen de pièces d'or et de manuscrits que se transmet de génération en génération la fortune des individus ; s'il n'y avait pas de corps solides[2], il n'y aurait pas d'héritage possible, et il est amusant que cette idée d'héritage se présente à nous à propos de la notion d'hérédité.

C'est au moyen de pièces d'or et de papiers que les parents dédommagent leurs enfants des tares corporelles ou intellectuelles dont il les ont gratifiés par hérédité ; voilà encore une nouvelle preuve de ce que j'avançais tout à l'heure, que les corps solides sont un facteur essentiel de l'histoire des hommes.

1. Et mon état actuel dépend, lui aussi, des conditions ambiantes en même temps que de tout le passé inscrit dans ma structure individuelle.
2. Ou, du moins, de corps assez solides pour transporter leur forme avec eux.

J'avais choisi ces exemples pour rappeler que le corps brut, en se solidifiant, prend une forme figée qui dépend des conditions réalisées au moment précis de la solidification, et qu'il transporte ensuite avec lui, jusqu'à ce qu'il ait subi une transformation nouvelle, le souvenir de ce moment précis de l'histoire locale du monde.

Chez l'être vivant, au contraire, la malléabilité de l'individu est toujours la même ; à chaque instant de sa vie, l'animal ou le végétal reçoit l'empreinte du monde extérieur et en conserve, plus ou moins, *le souvenir*. Il y a bien en chacun de nous des parties à peu près rigides et presque immuables, qui forment notre squelette, et qui limitent à chaque instant la variabilité résultant pour notre individu de l'influence des conditions extérieures ; mais, chez certaines espèces, le squelette a une importance négligeable, et néanmoins la variabilité de l'individu est limitée sous peine de mort.

Surtout dans ces espèces dépourvues de squelette, la vie apparaît nettement comme une **lutte** de tous les instants entre l'hérédité gardienne des formes ou des propriétés individuelles et les actions extérieures destructives. La conservation de la vie établit le triomphe de l'hérédité, mais ce triomphe n'est jamais complet ; l'être vivant évolue. *La vie est un compromis entre la tradition conservatrice et les influences révolutionnaires ;* c'est ce compromis que l'on désigne d'un mot : « l'habitude » ; vivre c'est s'habituer.

Si l'on passe de la vie individuelle à la vie spécifique, l'évolution, la transformation de l'espèce, empêchent également de considérer comme complet le triomphe des corps vivants sur les corps bruts.

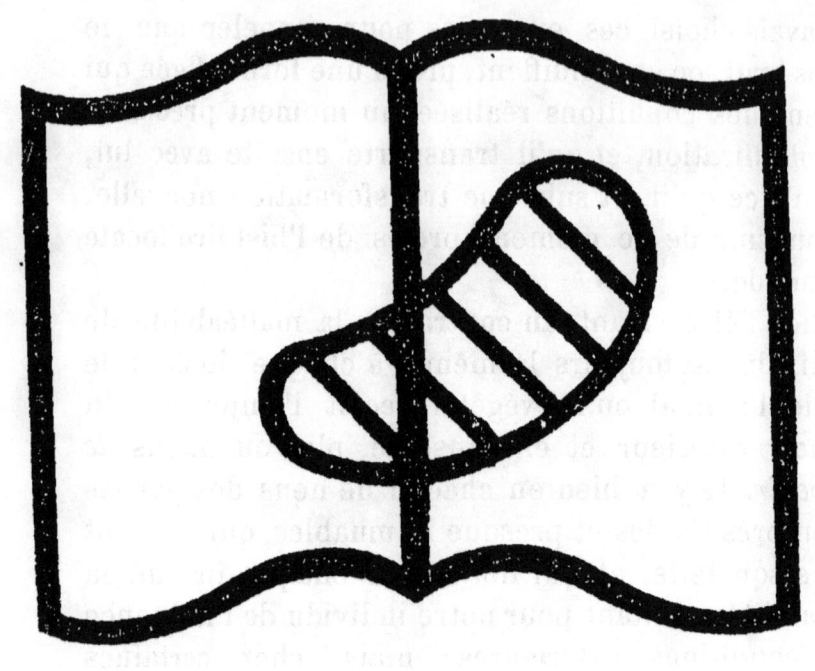

Illisibilité partielle

L'adaptation spécifique correspond à l'habitude individuelle ; l'hérédité rigide est corrigée par la transmission des caractères acquis. Il y a toujours lutte, il y a toujours victoire, tant que la lignée n'est pas interrompue, mais cette victoire ne s'obtient qu'au prix de concessions inévitables.

Ainsi l'étude des êtres vivants, si elle fait naître immédiatement en nous l'idée de lutte, nous montre aussi que cette lutte n'entraîne jamais un triomphe absolu. L'évolution enlève fatalement à l'hérédité ce que celle-ci a de trop précis ; l'hérédité n'est qu'une loi approchée.

Si nous revenons ensuite des corps vivants aux corps bruts, en conservant cette notion de lutte pour l'existence, nous pouvons penser au premier abord que les corps bruts sont plus favorisés que les corps vivants, et sont susceptibles d'un triomphe définitif ; une pièce d'or, par exemple, nous paraît susceptible de conserver indéfiniment les propriétés acquises le jour où elle a été frappée. C'est là une illusion du même ordre que celle dont on est victime en observant superficiellement les corps vivants ; nous savons réaliser autour d'une pièce d'or des conditions telles que les variations qu'elle subit soient insensibles pendant bien longtemps, mais nous savons aussi cultiver des espèces vivantes dans des conditions où elles varient fort peu. Enfin, nous n'ignorons pas que, dans d'autres conditions, la pièce d'or, emblème des choses durables, peut être rapidement rendue méconnaissable ; elle ne conserve obligatoirement, de ses propriétés initiales, que celles dont nous n'avons pas encore su la dépouiller, et qui nous amènent à affirmer que l'or est un corps simple.

Si d'ailleurs, au lieu d'une pièce d'or, emblème des choses durables, nous considérons un nuage, un flocon de fumée, emblèmes des choses passagères, nous constatons au contraire que la lutte pour l'existence est fatale au corps observé, et se termine rapidement par sa disparition, sa mort (?).

Pour généraliser le langage de la lutte, pour parler de la lutte universelle, il faudra d'abord nous demander ce que, en dehors des êtres vivants, nous appelons *un corps*. Les corps solides, je le répète, jouent un rôle prépondérant dans l'éducation de l'esprit humain, et c'est toujours à eux que nous pensons quand nous parlons des corps. Quand nous parlons de liquides, nous nous imaginons volontiers ces objets enfermés dans des corps solides et limités par eux, sauf dans le cas où, réduits en fines gouttelettes, ils sont « presque solides ». La question que nous aurons à étudier dans cet ouvrage est surtout celle de la conservation des propriétés des corps à travers les vicissitudes de leur existence ou, en d'autres termes, de la transportabilité de ces propriétés.

La question de la transportabilité des propriétés des corps prend une importance capitale quand il s'agit des colloïdes; cette importance s'accroît d'une valeur pratique dans les sérothérapies transportant la santé d'un individu à un autre. On peut d'ailleurs constater qu'une transportabilité du même ordre avait déjà été inventée, chez les spiritualistes chrétiens, par exemple. Le prêtre, qui asperge un objet d'eau bénite, transmet à cet objet les bénédictions inhérentes à l'eau; une goutte d'eau de Lourdes transmet à toute une barrique d'eau ses propriétés miraculeuses, et se montre ainsi douée de vertus inépuisables comme les diastases. Il est intéressant de trouver dans ces croyances familières comme une prévision des découvertes modernes de la science. La question de la transportabilité des vertus est le chapitre le plus important de la lutte universelle ; nous remarquons, en effet, dès le début, à propos des propriétés des corps, que l'idée de propriété est inséparable de l'idée de transportabilité : il faudra nous entendre sur ce que nous appelons « un corps », et nous défier des pièges du langage, car nous attribuons fatalement une individualité à tout ce qui, dans une phrase, se trouve être le sujet d'un verbe. Peut-être le sage Rabelais pensait-il déjà à ce grand problème quand il payait avec le son de l'argent du voleur le cuisinier auquel on avait dérobé l'odeur de ses mets ?

* *

Toutes ces considérations paraîtront probablement singulières à beaucoup ; je crains qu'elles semblent aussi au début, un peu délicates, mais elles se préciseront petit à petit au cours de cet ouvrage, et deviendront je l'espère, simples et claires.

Nous commencerons par nous occuper de la vie d'un être quelconque, en nous plaçant au point de vue de la lutte, et nous en tirerons la notion encore confuse d'*état vital spécifique* ; nous ferons un pas de plus dans la voie de la précision en nous arrêtant à des animaux particulièrement simples et formés d'une seule cellule comme les *amibes;* l'étude approfondie de l'histoire d'une vacuole creusée dans le protoplasme d'une amibe nous conduira naturellement à la notion importante de l'*assimilation chimique* caractéristique de la vie, et en même temps à celle de l'*assimilation physique* qui est la généralisation de l'idée de digestion, et qui se retrouvera dans des corps non vivants.

Cette même étude nous donnera, par la considération du cas où le corps étranger situé dans la vacuole est lui-même vivant, l'idée de *la lutte pour l'état vital spécifique*, chacun des corps vivants essayant d'imposer à son antagoniste ses caractéristiques physico-chimiques. En même temps nous nous trouverons en présence de corps bruts, émanés des corps vivants, et susceptibles de transporter avec eux certaines particularités de l'état physique spécifique de ces corps vivants ; j'ai nommé les *diastases*. Ces corps, quoique non vivants puisqu'ils sont incapables d'assimilation chimique, seront néanmoins capables, dans certains cas, d'*assimilation physique*. La lutte des corps vivants contre les diastases, la lutte des diastases entre elles, remplissent presque tout le champ de la pathologie.

Les diastases, capables d'assimilation physique, se trouvent, par là même, à mi-chemin entre la matière vivante et la matière brute ; elles nous serviront de transition et nous conduiront aux substances ordinaires de la chimie, mais de telle manière que nous puissions transporter à celles-ci une partie au moins de la notion d'*hérédité physique*. Ayant commencé par la vie elle-même, nous nous éloignerons ainsi progressivement de notre point de départ pour arriver jusqu'aux corps qui ont, avec les corps vivants, le moins possible de propriétés communes, qui en ont même tellement peu que, pour leur

2.

appliquer le nom de corps, nous devrons faire au préalable certaines conventions indispensables à la rigueur du langage.

Que restera-il alors de commun à tous les objets considérés? Quelles seront les particularités qui nous paraîtront susceptibles d'avoir conduit les savants à parler de la vie des corps bruts? Nous trouverons aisément ces particularités dans l'idée de lutte et nous substituerons ainsi, à la notion trompeuse de *vie universelle*, la notion plus correcte de lutte universelle.

En même temps s'établira une gradation dans les corps à partir des corps vivants :

1° Les corps vivants triomphent, tant qu'ils vivent, des corps avec lesquels ils luttent; ils en triomphent, tant au point de vue chimique qu'au point de vue physique ; ils imposent leur état à l'ambiance. Seule l'évolution, ou transformation des espèces enlève à ce triomphe son caractère absolu ; *vivre, c'est vaincre*, en faisant quelques petites concessions qui constituent l'habitude individuelle ou l'adaptation spécifique ;

2° D'autres corps non vivants et, par suite, incapables d'assimilation chimique, sont néanmoins susceptibles *dans certains cas*, d'un triomphe physique ; ils imposent leur état physique à l'ambiance. Cela se produit par exemple pour les diastases, pour les flammes... C'est surtout pour les substances de cette deuxième catégorie et pour la narration de leur lutte avec les corps vivants que le langage de la lutte universelle sera particulièrement fécond ;

3° Enfin, d'autres corps, qui luttent néanmoins sans cesse, *ne peuvent que se détruire* dans la lutte ; ils se détruisent plus ou moins vite, mais ils se détruisent fatalement ; dans une lutte entre deux corps de cette troisième catégorie il n'y a pas de vainqueurs. Il ne faut pas oublier d'ailleurs que, pour les corps des deux premières catégories, une défaite est également possible ; un être vivant peut mourir, une toxine se détruire, une flamme s'éteindre.

Le résumé de toute cette étude se ramènera donc à la formule succincte que j'ai placée en épigraphe de ce livre : Être c'est lutter ; vivre c'est vaincre.

*
* *

Je ne puis me retenir de signaler ici une conclusion à laquelle conduit falement l'étude de la lutte universelle, dans le cas particulièrement intéressant où la lutte considérée est une maladie aiguë ; cette conclusion est une vérification imprévue de la loi d'*assimilation fonctionnelle* que j'ai établie, il y a dix ans [1]. J'avais été violemment frappé par le célèbre paradoxe de Claude Bernard « La vie c'est la mort », aphorisme que, dans le langage de la lutte universelle, on pourrait traduire : « La victoire c'est la défaite. » Le grand physiologiste avait voulu exprimer dans cet aphorisme que les phénomènes de la vie ne se manifestent qu'au prix de phénomènes de mort et de destruction ; en particulier, décomposant, suivant l'habitude des physiologistes, l'activité totale de l'homme ou de l'animal en des fonctionnements partiels définis arbitrairement, le père de la médecine scientifique avait affirmé que les organes qui fonctionnent se détruisent par le fait même

---

1. V. *Théorie nouvelle de la vie.* Paris, Félix Alcan.

qu'ils fonctionnent, comme les machines de l'industrie s'usent en travaillant ; c'était la loi de la *destruction fonctionnelle*, équivalant à l'aphorisme précédemment cité, puisque, si cette loi s'était vérifiée, il en résultait que le fonctionnement, l'activité vitale de l'organe s'accompagne de destruction et de mort ; autrement dit, que la seule manière dont un mécanisme peut montrer qu'il est vivant, consiste à se comporter comme un mécanisme mort. Dans l'opinion de Claude Bernard, les phénomènes de création, de synthèse organique, se produisaient au contraire d'une manière *obscure*(?) entre les périodes de fonctionnement, pendant le « repos ? » ; en d'autres termes, le phénomène d'assimilation, par lequel on est obligé de caractériser les corps vivants pour les distinguer des corps bruts, se passait en dehors des périodes de fonctionnement qui sont pour nous la manifestation de la vie. Il y avait là une contradiction qui me choqua violemment, et je me permis, avec une hardiesse que l'on m'a vivement reprochée, d'émettre cette opinion révolutionnaire : que *la vie se manifeste à nous par les phénomènes vitaux.*

Dans un des meilleurs volumes[1] de cette bibliothèque de *philosophie scientifique*, mon ancien maître le professeur Dastre, celui-là même qui m'a initié il y vingt ans aux mystères de la physiologie, a combattu ma manière de voir avec une courtoisie dont je suis heureux de le remercier ; mais je dois avouer qu'il ne m'a pas convaincu. Quand j'ai essayé depuis dix ans, de définir le *fonctionnement*, je me suis d'ailleurs heurté à de sérieuses difficultés.

1. Dastre. *La Vie et la Mort*. Paris, Flammarion.

Pour ceux qui croient que l'être vivant est comparable à une machine d'acier, il y a des périodes de *repos* séparant les périodes de *fonctionnement*, et c'est pendant les périodes de fonctionnement que s'usent les locomotives; il est vrai qu'elles ne se reconstituent pas pendant les périodes de repos. Mais un être vivant comme l'homme ou les mammifères, n'est jamais au repos, même quand nous déclarons qu'il se repose; il est le siège de mouvements circulatoires, de phénomènes physiques et chimiques dans l'intimité de ses tissus, etc.; le mot repos n'a donc pas, pour lui, de signification absolue. L'homme adulte ne grandit plus; si donc, comme tout être vivant, il *assimile,* il doit aussi se détruire de temps en temps pour que son volume, sa masse de substance vivante ne change pas; j'ai seulement proposé de donner le nom de fonctionnement aux périodes pendant lesquelles il manifeste sa vie par la propriété vitale d'assimilation; cela permet de dire : « la vie, c'est la vie » et je trouve cela plus raisonnable que : « la vie c'est la mort! » Voilà tout. Pour un organisme aussi compliqué que l'homme, la loi d'assimilation fonctionnelle se réduit donc à une définition [1].

Pour un être unicellulaire qui se multiplie sans cesse comme la bactérie cultivée dans le bouillon, l'état adulte n'existe pas, et la loi dont je viens de parler a déjà une signification plus élevée. Eh bien! le phénomène de la résistance de l'organisme à l'infection, cet organisme fût-il aussi complexe que l'homme ou le cheval, permet d'établir la loi d'assimilation fonctionnelle comme une véritable loi et non comme une convention verbale.

1. V. *Traité de Biologie,* chap. x, § 85. Paris, Alcan.

Remarquons d'abord que l'*organe* ne peut avoir qu'une définition physiologique. On décompose conventionnellement l'activité d'un animal, trop complexe pour être décrite d'un coup, en des fonctions arbitrairement choisies, et l'on appelle organe l'ensemble des éléments qui collaborent à l'exécution d'une fonction donnée ; c'est une erreur grossière, je l'ai déjà fait remarquer souvent, que de considérer, par exemple, la main comme l'organe de la préhension.

Avec cette définition physiologique de l'organe, il devient possible de parler d'organes, même chez les êtres unicellulaires, même chez les éléments histologiques comme les phagocytes ou les hématies ; il suffit de savoir décomposer en fonctions bien précisées l'activité totale de l'individu considéré, homme ou cellule. Je fais remarquer immédiatement que certaines fonctions dont la définition est consacrée par l'habitude, la fonction de respiration par exemple, sont purement conventionnelles pour l'être unicellulaire ; l'oxygène est un des éléments indispensables à la vie élémentaire manifestée, mais nous ne savons pas séparer son rôle de celui des autres substances alimentaires et c'est seulement la constatation d'une alimentation gazeuse, *distincte* chez l'homme et les mammifères, qui a conduit tous les physiologistes à parler séparément de la respiration des amibes ou des bactéridies charbonneuses.

Au contraire, dans une maladie aiguë, nous ne savons pas nous exprimer autrement qu'en parlant de la lutte du malade contre l'agent pathogène, toxine ou microbe. Cette lutte définit avec précision une *fonction* indispensable à la conservation de la vie : la résistance à l'infection. Or, quand la lutte est terminée, le vainqueur est devenu plus apte à remporter une nouvelle victoire ; c'est donc que son *organe* de résistance à l'infection s'est développé par le fonctionnement même ; et ceci est vrai d'une manière générale, tant de l'animal qui, vainqueur, devient réfractaire, que du microbe qui, victorieux, devient plus virulent ; ceci est vrai, nous en sommes certains, dans tous les cas, sans que nous ayons besoin de savoir analyser anatomiquement l'organe défini par cette fonction de résistance à une infection donnée, sans que nous ayons à nous demander si cet organe comprend des nerfs, des glandes, des phagocytes, des colloïdes du milieu intérieur.

Il y a même un cas où le développement de cet organe est encore plus évident, c'est celui où l'immunité acquise est transportable dans le sérum de l'individu immunisé. Alors, en effet, on constate que, après avoir lutté contre l'intoxication en fabriquant ce qu'on est convenu d'appeler l'antitoxine, l'organe producteur d'antitoxine est devenu bien plus vigoureux et continue, la lutte terminée, à manifester par une fabrication *superflue* de ce produit, le développement qu'il a acquis en fonctionnant.

Ici le doute n'est plus permis ; on ne peut pas dire que, s'usant pendant la lutte, l'organe en question se développe ensuite (alors qu'il est devenu inutile à l'organisme), pour réparer les fatigues du fonctionnement. C'est la lutte même qui, chez le vainqueur, s'accompagne du développement de l'organe résistant à l'infection ; voilà un cas d'assimilation fonctionnelle indiscutable, et l'on peut remarquer que l'organe dont il s'agit est, malgré l'obscurité de sa description anatomique, défini avec une précision parfaite [1], puisque l'immunité acquise par un organisme est spécifique par rapport à l'infection dont il a triomphé, et n'est pas ordinairement valable pour une infection différente. Et justement, nous verrons que cette spécificité du résultat d'une lutte est le phénomène le plus général de la biologie. Je suis heureux de constater après dix ans cette vérification d'un principe auquel j'avais été conduit uniquement par la contradiction choquante de l'aphorisme paradoxal de Claude Bernard.

Il me semble d'ailleurs que le maître de la Physiologie n'avait pas attaché à cette théorie de la destruction fonctionnelle une importance exagérée. A mon avis, la forme extravagante de son assertion « la vie, c'est la mort » devait suffire à en montrer toute l'erreur. Lamarck a constaté, après bien d'autres, que l'usage des organes les développe ; Claude Bernard a pensé que ce développement n'accompagnait pas l'usage, mais lui succédait, et je crois bien qu'un esprit philosophique le soutiendrait difficilement aujourd'hui ; si la vie était la mort, il n'y aurait pas de vie.

C'est surtout dans le cas de maladie aiguë ou de maladie chronique que l'on trouve les exemples caractéristiques de la lutte universelle ; j'emprunterai donc beaucoup à la résistance des organismes aux agents envahisseurs ; mais je le ferai sans détail et je m'en tiendrai aux grandes lignes des phénomènes.

---

[1] On peut même affirmer qu'il est impossible de définir un organe avec plus de précision.

J'ai publié cette année un ouvrage volumineux[1], dans lequel j'ai passé en revue la plupart des cas pathologiques capables d'éveiller des idées générales ; je renvoie le lecteur à cet ouvrage pour l'étude complète de certains phénomènes dont je ne signalerai ici qu'un côté intentionnellement choisi. Quand on veut faire de la généralisation à outrance il faut se résigner à regarder les faits de très loin et à ne les voir qu'en gros. En outre, l'insuffisance actuelle de nos connaissances sur les colloïdes fait que dans beaucoup de cas, je devrai me contenter d'à peu près dont seront peu satisfaits les amateurs de langage précis, et dont je souffre moi-même tout le premier. Je m'en console en me disant que, quand on entre dans une voie nouvelle, on n'en découvre pas immédiatement tous les dangers, et je me répète, pour me pardonner le caractère provisoire de certaines conceptions, la parole encourageante de mon vénéré maître Pasteur, parole qui me semble devoir être répétée souvent à propos des sciences qui sont encore à leur début : « Malheureux les gens qui n'ont que des idées claires ! »

1. *Introduction à la Pathologie générale.* Paris, Alcan, 1906.

LA LUTTE UNIVERSELLE

LIVRE PREMIER

LA LUTTE CHEZ LES CORPS DE LA PREMIÈRE CATÉGORIE OU CORPS VIVANTS

CHAPITRE PREMIER

L'état vivant et l'influence vitale.

---

§ 1. — LA NOTION D'INDIVIDUALITÉ

Il faut une convention bien arbitraire pour doter d'individualité, de personnalité, les corps bruts ou morts ; nous n'avons aucune raison valable de nous intéresser plutôt à la maison qu'aux pierres dont est construite la maison ; le langage nous permet de raconter à volonté l'histoire des transformations continues de la maison ou de la pierre, et nous donnons, par suite, le nom de corps à l'ensemble limité que nous avons choisi arbitrairement comme objet de notre étude. C'est que la notion d'individualité, de personnalité, est empruntée aux corps vivants ; dès qu'on veut la faire sortir du cadre pour lequel elle a été créée, on lui fait perdre toute sa valeur.

Au contraire, lorsqu'il s'agit des corps vivants, cette notion paraît s'imposer immédiatement. Sans trop nous demander pourquoi, nous trouvons des raisons de dire : un homme, un chien, un crapaud, une sangsue, un oursin, un champignon, un poirier, et, si nous détachons une partie quelconque d'un des corps ainsi dénommés, nous n'hésitons pas à dire que c'est : un morceau d'homme, un morceau de chien, etc., un morceau de poirier, quoique ces parties détachées soient susceptibles d'une description personnelle, comme les corps dont on les a séparés.

Et cependant, un homme, un chien, un crapaud n'ont rien d'homogène ; si nous voulons les décrire dans le détail, faire leur anatomie, nous constatons au contraire qu'il sont formés des parties les plus diverses, d'os, de muscles, de nerfs, etc. Ce n'est donc pas l'homogénéité qui, comme cela aura lieu pour les corps bruts, nous fait songer à ne pas séparer, pour les dénommer, les diverses parties d'un être vivant ; il y a une autre raison, et cette raison nous la trouvons dans la *communauté d'intérêts* de ces diverses parties. Ce mot *intérêts* implique l'idée de lutte ; dès que nous entrons dans le domaine des choses de la vie, nous rencontrons la lutte à chaque pas ; pour les corps vivants bien plus évidemment que pour les corps bruts, l'idée d'*existence* est inséparable de l'idée de *lutte*.

§ 2. — LA LUTTE POUR L'ESPACE

Voici un jeune plant de pommes de terre, dont les racines occupent une certaine étendue du sol du jardin, ses rameaux et ses feuilles remplissant un certain volume du milieu atmosphérique ; l'ensemble comprend tant dans la terre que dans l'air, un espace nettement limité, et l'on peut dire, sans tenir compte de l'hétérogénéité de la plante, de la différence qui existe entre les tiges, les racines et les feuilles, que le contenu de cet espace limité est à *l'état pomme de terre*, tandis que le milieu ambiant est, suivant les endroits, à l'état humus, à l'état air atmosphérique, etc.

Au bout de quelques jours, la pomme de terre a *grandi*, tout en conservant pour nous observateur, une apparence si semblable à la première que nous n'hésitons pas à l'appeler du même nom de « pomme de terre. » C'est donc que l'état pomme de terre, précédemment localisé dans un certain volume, a été imposé à un volume plus grand au détriment de l'air atmosphérique, de l'humus, etc., qui, primitivement occupaient tout l'espace conquis depuis par la pomme de terre. Tel est le premier phénomène que nous constatons quand nous observons un être vivant, du moins à ce que nous appelons l'état de jeunesse et qui est, nous le savons, l'état où le phénomène vital n'est pas masqué par des phénomènes antagonistes. Le phénomène que nous remarquons le premier dans l'étude de la vie est une *conquête territoriale*, un gain d'espace.

Réduit à cette définition purement spatiale, le phénomène n'est pas d'ailleurs suffisant pour caractériser la vie ; nous trouvons, dans certains cas, un phénomène analogue chez des corps bruts. Si, par exemple, nous observons dans un vase un morceau de glace homogène nageant sur une eau pure, nous pouvons remarquer, au bout de quelque temps, dans certaines conditions, soit que l'état glace a gagné du terrain sur l'état eau, soit que l'état eau a gagné du terrain sur l'état glace, autrement dit, qu'il y a eu gain d'espace par la glace ou par l'eau pendant notre observation.

Etant donnée l'importance primordiale du contour limitant dans la définition même des corps, il n'est pas étonnant que nous rencontrions, dès le début de nos recherches sur l'existence des corps, des phénomènes de gain ou de perte d'espace. La première condition pour être est d'être quelque part; un corps qui est quelque part *occupe* une portion de l'espace, et nous le définissons précisément au début par le contour de cette portion d'espace; la première lutte que nous rencontrions est la lutte pour l'espace et nous constatons que le premier phénomène vital remarquable est précisément un gain d'espace; c'est ce qu'on exprime souvent en disant que *la vie se propage*. La cristallisation se propage de même dans un milieu liquide convenable où l'on sème un cristal; la liquéfaction se propage quand les conditions sont telles, dans un milieu donné, que l'espace occupé primitivement par des corps solides soit envahi par des corps liquides. Dans une première approximation, nous comparerons *l'état vital* à *l'état solide* ou à *l'état liquide*, et nous constaterons la propagation de l'état vital dans la croissance d'un être, comme celle de l'état solide ou de l'état liquide dans les cas de cristallisation ou de dissolution. Ce sera le phénomène d'*assimilation physique*, c'est-à-dire un gain d'espace par un état physique donné qui, limité primitivement à un contour déterminé, sera sorti des limites de ce contour en assimilant, en rendant semblable à lui,

des états différents précédemment réalisés en dehors
de ce contour.

§ 3. — ÉTAT PHYSIQUE ET IDENTITÉ CHIMIQUE

Quand de l'eau dissout un morceau de glace, l'état
liquide se propage dans la région primitivement
occupée par l'état solide; le même phénomène a lieu
quand de l'eau dissout un morceau de sucre. Mais,
entre ces deux phénomènes il y a néanmoins une différence. L'eau qui a dissout la glace a conservé les
mêmes propriétés qu'auparavant; la seule différence
est quelle occupe un volume plus considérable; elle
s'est accrue en restant semblable à elle-même. Au
contraire, quand l'eau a dissous un morceau de sucre
l'état liquide a bien gagné quelque chose, mais le
liquide considéré n'est plus de l'eau; c'est une substance nouvelle que nous appelons de *l'eau sucrée;* les
deux phénomènes, identiques au point de vue physique, sont différents au point de vue chimique.

C'est que, si le sucre est une substance quelconque
par rapport à l'eau, comme le sel marin, l'acide bori-
que, l'antipyrine, au contraire, la glace est, par rapport à l'eau, une substance très spéciale. La glace est
le seul corps solide qui, se dissolvant dans l'eau en
proportions quelconques, ne change pas les propriétés
chimiques de l'eau. On exprime ce fait sous une forme
abrégée en disant que la glace est de l'eau solidifiée,
ou de l'eau solide. Il existe de même un gaz et un
seul qui, se dissolvant dans l'eau en proportions quelconques, ne change pas les propriétés chimiques de
l'eau ; on l'appelle la vapeur d'eau, ou eau sous forme
gazeuse. Beaucoup de corps chimiquement définis

sont ainsi connus sous trois états, c'est-à-dire qu'il existe pour une espèce chimique donnée, un solide, un liquide et un gaz tels que chacun d'eux, juxtaposé aux deux autres dans une même enceinte, peut s'accroître à leurs dépens sans changer de propriétés chimiques.

Lorsque de l'eau dissout de la glace, il y a assimilation physique sans changement de propriétés chimiques ; au contraire, quand de l'eau dissout du sucre ou du sel, il y a bien encore assimilation physique, mais il y a destruction chimique des corps préexistants ; il n'y a plus, corps limité par un contour défini, ni eau, ni sucre, ni sel, mais de l'eau sucrée ou de l'eau salée ; il y a assimilation physique sans assimilation chimique ; il y a destruction, disparition des corps chimiques préexistants.

Au contraire, quand une pomme de terre se développe aux dépens de l'humus et des gaz atmosphériques, non seulement l'état vital s'est propagé dans les espaces nouvellement acquis par la pomme de terre, mais encore ces nouveaux espaces sont remplis d'une substance qui est *de la substance de pomme de terre*. Cette manière de parler n'est pas bien rigoureuse parce que, la pomme de terre étant quelque chose d'hétérogène, il n'est pas facile de définir chimiquement ce qu'on appelle substance de pomme de terre ; mais puisque nous procédons par approximations successives, contentons-nous de constater que nos sens chimiques, le goût et l'odorat, savent parfaitement distinguer la substance de pomme de terre de la substance de chou ou de peuplier ; en d'autres termes, si l'on réduit en bouillie informe un morceau quelconque du plant de pomme de terre, un morceau de chou et un morceau de peuplier, nous saurons le distinguer au goût et à l'odeur ; nous préciserons plus tard cette notion chimique.

Ainsi donc, quand une pomme de terre croit, quand son état vital conquiert des espaces nouveaux, le phénomène est comparable, non pas à celui de l'eau qui dissout du sucre, mais à celui de l'eau qui dissout de la glace. Il y a assimilation physique sans changement de propriétés chimiques. Mais nous allons voir immédiatement qu'il y a en outre un phénomène nouveau, lequel n'existe pas dans la liquéfaction de la glace. La glace est par rapport à l'eau, le solide unique qui, dissous dans l'eau, augmente le volume de cette eau sans changer ses propriétés. Pouvons-nous penser de même que l'humus et les gaz atmosphériques occupent aussi par rapport à la substance de pomme de terre une situation privilégiée ? Sont-ce des corps qui en passant à l'état vital prennent fatalement la forme de substance de pomme de terre comme la glace devient de l'eau en se liquéfiant ? On peut se convaincre du contraire en cultivant dans le même humus et la même atmosphère un chou et un peuplier. Le chou se développe en fabriquant de la substance de chou, le peuplier en fabriquant de la substance de peuplier. Rien de semblable ne se produisait dans la liquéfaction de la glace ; il y avait seulement changement d'état d'un corps, qui prenait toujours, avec l'état liquide, le caractère de la substance appelée eau ; c'était, comme on dit couramment, de l'eau solide qui devenait liquide. Ici, au contraire, ce sont des substances très diverses, oxygène, acide carbonique, eau, humus, etc., qui deviennent de la substance de pomme de terre. Il y a *assimilation chimique*, fabrication aux dépens de substances *différentes*, d'une substance nouvelle identique à la substance préexistante et active, la substance de pomme de terre.

§ 4. — L'ASSIMILATION CHIMIQUE EST CARACTÉRISTIQUE DE LA VIE

Ne se trouve-t-il pas, dans la nature brute, de phénomènes analogues à cette assimilation chimique? On pourrait le croire au premier abord, mais il sera facile de constater que ce n'est qu'une apparence. Etudions, par exemple, ce qui se passe dans une enceinte close contenant au-dessus de 960° de la chaux, de l'acide carbonique et du carbonate de chaux. Je suppose que, par un procédé quelconque, nous augmentions la pression dans cette enceinte ; il s'y forme une nouvelle quantité de carbonate de chaux aux dépens de chaux et d'acide carbonique, qui disparaissent ; le carbonate résultant semble donc pouvoir être considéré comme ayant assimilé des corps différents au même titre que la pomme de terre.

En réalité, le phénomène est tout différent.

La chaux et l'acide carbonique, en se combinant lorsque la pression augmente, forment toujours du carbonate de chaux et ne feront jamais du sulfate de zinc ou du sel marin ; le mélange de chaux et d'acide carbonique représente l'état *associé* du carbonate de chaux, comme la glace représentait l'état solide de l'eau ; le passage du mélange « chaux acide carbonique » au corps « carbonate de chaux » peut être considéré comme un changement d'état pur et simple au même titre que la liquéfaction de l'eau ; c'est le passage de l'état dissocié à l'état associé. Ce changement d'état ne peut se faire que d'une manière unique et parfaitement définie.

Au contraire, dans le même humus, en présence de la même atmosphère gazeuse, une pomme de terre fabriquera de la pomme de terre, un poirier du poirier, un chou du chou ; le mélange d'humus et de gaz pourra passer à l'*état vivant* d'autant de manières qu'il y a d'espèces vivantes capables de se cultiver dans ces conditions ; l'assimilation est un phénomène spécifique : chaque corps vivant fabrique, en vivant, de la substance semblable à la sienne. Ce phénomène est caractéristique de la vie ; il place les substances vivantes dans une situation toute spéciale au point de vue de la lutte pour l'existence.

On a pu penser que certains phénomènes de la nature brute présentaient un caractère de spécificité analogue à celui de l'assimilation ; quelques corps chimiques définis peuvent avoir deux ou plusieurs manières de passer de l'état liquide à l'état solide ; le soufre, par exemple, peut être cristallisé sous forme prismatique ou sous forme octaëdrique. Et l'on a constaté que chez des corps susceptibles de deux formes cristallines A et B, un cristal A, dans une solution sursaturée, détermine une cristallisation dans la forme A ; de même un cristal B détermine une cristallisation dans la forme B ; il y a donc assimilation du liquide par le cristal qu'on y plonge ; mais il ne faut pas voir là un phénomène comparable à l'assimilation chimique de l'humus par un végétal. Il faut seulement se dire que, pour certains corps au moins, le nombre des *états* physiques possibles est supérieur à trois. Il y a plusieurs manières d'être solide, il y a peut-être plusieurs manières d'être liquide et d'être gazeux; ces trois mots auxquels nous sommes tentés d'attribuer une valeur uniforme dans tous les cas, ont, pour chaque corps et dans des conditions données, une valeur particulière; pour le soufre, par exemple, il y a l'état octaédrique, l'état prismatique, l'état de soufre mou, etc. N'importe lequel de ces trois corps, soufre octaédrique, soufre prismatique, soufre mou, se dissolvant dans du soufre liquide, augmente sa quantité sans changer ses propriétés; mais retenons ce fait très intéressant, que les deux formes cristallines du soufre sont capables dans certains cas, de déterminer une cristallisation identique à la leur; cette assimilation physique réelle et active nous sera d'une grande utilité dans la suite. Mais, malgré tout, nous n'avons trouvé nulle part, en dehors de la matière vivante, l'équivalent de cette assimilation chimique qui se manifeste dans les corps vivants et qui permet de définir la vie.

§ 5. — LA SPÉCIFICITÉ DES SUBSTANCES VIVANTES

J'ai employé, sans la préciser, cette expression *état vivant*, que j'ai utilisée dans le langage de la même manière que les expressions *état solide*, *état liquide*, *état gazeux*. Nous avons vu que l'état solide, par exemple, n'est pas toujours réalisé d'une manière unique pour un corps chimiquement défini; nous ne nous étonnerons donc pas si nous trouvons dans l'état vivant des différences de même nature.

Une des caractéristiques les plus remarquables de l'état vivant, c'est que, dans les conditions ordinaires de notre ambiance, cet état ne paraît pas se manifester jamais spontanément. Dans de l'humus, en présence d'une atmosphère convenable, il n'apparaît pas de corps à l'état vivant s'il n'en préexiste pas d'avance, et, s'il existe dans cet humus un corps vivant défini, c'est de la substance de *même espèce* qui se produira autour du noyau primitif. Un cristal de forme A déterminait, dans une solution sursaturée, la formation de cristaux de forme A; de même, un jeune plant de pommes de terre détermine, dans l'humus et l'atmosphère, l'apparition de substance de pomme de terre. Ce dernier phénomène est plus complet; il n'y a pas seulement assimilation physique, mais aussi assimilation chimique, ce qui n'avait pas lieu pour le soufre; seulement, cette assimilation chimique est subordonnée à l'assimilation physique; nous ne voyons jamais apparaître de substance de pomme de terre qui n'ait pas l'état pomme de terre, la forme pomme de terre; les deux phénomènes sont inséparables, et l'on ne peut parler de l'un sans parler de l'autre, ce qui indique entre eux une connexion dont l'étude sera précisément le pivot de toute recherche biologique approfondie.

Nous parlons de la *vie* en général, quoique nous ne sachions pas définir la vie autrement que par un exemple particulier qui ait des caractères spécifiques; mais nous parlions aussi de l'état solide d'une manière absolue sans savoir définir l'état solide autrement que par un exemple particulier qui avait, lui aussi, ses caractères spécifiques; nous avons presque le devoir aujourd'hui de considérer qu'il y a autant de manières d'être solide qu'il y a de corps solides bien définis; le cas du cristal A déterminant l'assimilation physique d'une solution sursaturée nous a montré combien peut être important dans certains cas le caractère de spécificité d'une forme d'état solide. On sait d'ailleurs que, pour la glycérine, l'obtention d'un cristal sans cristal préexistant est extrêmement difficile ; on a pu croire longtemps à l'impossibilité de la génération spontanée d'un cristal de glycérine ; l'état physique *cristal de glycérine* est différent de celui de la plupart des autres corps solides connus puisqu'aucun de ces corps solides connus ne peut déterminer, dans la glycérine liquide, l'apparition d'un cristal par assimilation physique. Notre notion erronée et préconçue de l'état de repos absolu dans les corps solides nous empêchait de prévoir ces phénomènes très intéressants dont la chimie nous a fourni depuis peu un certain nombre d'exemples saisissants. Cependant l'apparition fatale d'une force électromotrice au contact de deux métaux différents prouvait d'une manière certaine qu'il y a des différences entre les états solides des divers métaux.

S'il y a peut-être autant d'états solides qu'il y a de corps solides définis, il y a sûrement autant d'états vivants qu'il y a d'espèces vivantes. Mais, même dans un corps vivant unique, il est évident qu'il y a des états vivants différents ; dans un poirier, il y a des racines, des tiges, des feuilles, des fleurs, des poires, et il y autant de différence apparente entre la racine et la poire qu'entre le soufre octaédrique et le soufre prismatique. En faisant l'étude microscopique d'un animal quelconque, on trouve, aux divers points de son corps, des éléments différents, que l'on appelle des éléments histologiques, et qui se rapportent à un nombre de types considérable quoique limité ; il y a donc, pour une espèce donnée, un grand nombre de modalités de l'état vivant ; l'état vivant, même quand il s'agit d'une espèce unique, n'est pas plus complètement défini que l'état solide en général. Et cependant, il y a quelque chose de commun à tous ces états, qui fait que l'on a le droit de leur attribuer la dénomination commune d'état vivant; nous essaierons de définir ce quelque chose de commun.

Il arrive même que, pour certains êtres vivants, il n'y a pas seulement une série nombreuse d'états histologiques dissemblables, mais deux séries différentes qui peuvent se succéder l'une à l'autre; cela a lieu par exemple chez les fougères, dont la spore donne naissance à un prothalle n'ayant aucun caractère morphologique commun avec la fougère, et qui, néanmoins, donne naissance à une fougère semblable à celle dont il provient; c'est ce qu'on appelle la génération alternante; elle est en rapport avec les phénomènes de sexualité, de bipolarité comme nous le verrons plus tard.

Ainsi donc, dès le début, l'état vivant nous apparaît comme quelque chose de très complexe, de très multiple; mais il en était de même de l'état solide; il en est de même pour tout ce qui a *une forme* dans la nature; c'est souvent une chose dangereuse que de vouloir réduire à un très petit nombre de termes la description des particularités du monde extérieur; on risque de donner le même nom à des choses différentes. Cherchons néanmoins s'il ne se cache pas une unité réelle sous la diversité des états vivants.

§ 6. — L'ÉTAT PROTOPLASMIQUE ET LES COLLOÏDES

Comme cela arrive souvent au début d'une science nouvelle, on s'est volontiers payé d'un mot nouveau en biologie, et l'on a cru avoir découvert quelque chose quand on a inventé le protoplasma. Dujardin, le premier, annonça que tous les êtres vivants sont formés d'une substance unique qu'il appela sarcode. Il crut probablement que ce sarcode était la même substance dans tous les êtres vivants, et son erreur fut nettement exprimée plus tard, notamment par Darwin et Claude Bernard. Ces deux auteurs ont laissé entendre, en effet, qu'il n'y a qu'un protoplasma (car le mot protoplasma a été injustement substitué au mot sarcode qui avait la même signification et lui était antérieur historiquement); mais s'il n'y a qu'un seul protoplasma, qu'une seule substance vivante, comment y a-t-il tant d'êtres vivants différents, tant de parties différentes dans chaque être? Ce mystère, Darwin l'a expliqué par une hypothèse peu défendable et que Weismann a perfectionnée en la rendant moins défendable encore; dans la substance unique et amorphe (?) se trouvent de petites particules invisibles et actives qui lui donnent des propriétés spécifiques; chaque particule définit un caractère; chaque être est doué de caractères par les particules que contient son protoplasma banal. Aujourd'hui, une telle opinion n'est plus admissible; nous savons qu'il y a du protoplasma de chien, du protoplasma de lézard, du protoplasma de moule, de poirier, de chou, de champignon; ces protoplasmas divers sont chimiquement différents; chacun d'eux a les propriétés chimiques caractéristiques de l'espèce à laquelle il appartient. Ce qu'il y a de commun à tous, c'est l'état physique particulier sous lequel ils se présentent à nous dans les êtres les plus dissemblables, *l'état protoplasmique*. Toute substance en train de vivre est à l'état protoplasmique, c'est-à-dire à un état qui n'est ni franchement liquide ni franchement solide. Mais deux substances peuvent être au même état protoplasmique et, néanmoins, différer entièrement l'un de l'autre, comme deux liquides incolores, l'eau et l'alcool.

Ayant imaginé ce mot, sarcode ou protoplasma, on a cru qu'on avait résolu le problème; or on n'avait fait que changer de manière de parler.

Dans une gromie ou une amibe, dans les grosses cellules végétales, on voit bien, au microscope, des contenus qui se ressemblent, une substance visqueuse d'aspect et qui est sans cesse brassée par des mouvements dans lesquels sont entraînés des granules baignant dans son sein; il est donc légitime de dire que, dans ces divers éléments vivants, il y a des matières à un même état physique, l'état protoplasmique,

Il n'en est plus de même quand on s'adresse à des cellules beaucoup plus petites, aux bactéries, aux micrococcus, dont quelques espèces se voient aux plus forts grossissements comme de petites lignes d'épaisseur insignifiante ou des points tout juste perceptibles; nous dirons néanmoins, et sans hésiter, que ces êtres minuscules sont formés de protoplasma, que leur substance est à l'état protoplasmique, et nous n'avons pas peur de nous tromper, quoique n'ayant jamais vu à l'intérieur du contour de ces microbes rien qui ressemble à ce que nous avons appelé protoplasma chez les amibes et les gromies.

C'est que, en réalité, nous n'avons fait que substituer à l'expression « état vivant » une expression équivalente « état protoplasmique ». Et quand nous disons ensuite que toute substance vivante est à l'état protoplasmique, nous ne faisons que répéter une définition. Si l'on nous demandait, en effet, de définir l'état protoplasmique, nous ne pourrions pas le faire autrement qu'en disant : « C'est l'état auquel se trouvent toutes les substances vivantes en train de vivre ».

Depuis quelques années, on a fait, dans la physique et la chimie, quelques progrès grâce auxquels il sera bientôt possible de donner, partiellement au moins, une définition moins insignifiante de l'état protoplasmique ; mais jusqu'à présent cela était impossible, surtout parce que l'état protoplasmique n'est ni solide ni liquide. Or tous les physiciens s'attachaient autrefois à étudier les substances franchement solides et franchement liquides, considérant les états visqueux intermédiaires comme moins intéressants ou du moins comme inaccessibles aux mesures précises. Depuis quelques années, au contraire, des études très nombreuses, dans cette voie, ont été étonnamment fécondes. En particulier, on a fait des découvertes imprévues relativement à tout un groupe de substances que l'on a appelées *colloïdes*, parce qu'elles ressemblent plus ou moins à une solution de colle ; c'est le groupe dans lequel il semble bien que doivent se placer les protoplasmas.

Les colloïdes ne sont pas des corps homogènes ; ils résultent de l'existence, au sein d'un fluide, de particules très fines en suspension qui y forment comme un brouillard, de sorte que les colloïdes ne sont jamais parfaitement transparents, mais ont toujours un aspect laiteux, opalescent. Si, dans une eau alcaline, on introduit une grosse goutte d'huile, cette goutte peut y rester en équilibre sous forme d'une masse distincte, mais, que l'on vienne à agiter fortement le tout, et l'huile se répartira au sein de l'eau, en une infinité de petites gouttelettes isolées ; on aura réalisé ainsi une *émulsion*. Les gouttelettes d'huile dans cette émulsion resteront visibles au microscope, mais si, par un procédé quelconque, on arrive à diminuer leurs dimensions de manière à ce qu'elles soient plus petites que les plus petits objets visibles aux plus forts grossissements par les procédés ordinaires d'observation, l'émulsion sera devenue un colloïde.

Comment les très fines gouttelettes du colloïde restent-elles séparées les unes des autres, malgré les forces naturelles de cohésion qui existent entre corps très rapprochés? J. Perrin en a donné une interprétation très ingénieuse que je puis résumer grossièrement en quelques mots : quand deux corps différents sont au contact l'un de l'autre, ils s'électrisent l'un par l'autre ; les fines gouttelettes suspendues dans le liquide s'électrisent donc à son contact et toutes de la même manière ; de là des répulsions entre gouttelettes voisines, porteuses d'électricité de même nom ; ces répulsions luttent contre la cohésion qui tend à les rapprocher ; l'équilibre est obtenu quand les distances entre gouttelettes sont exactement ce qu'il faut pour que la cohésion à cette distance contrebalance les répulsions électriques. Voilà qui est suffisamment simple : tirons-en immédiatement une conclusion pratique : si nous avons un moyen quelconque de décharger brusquement de leur électricité tous les globules d'un colloïde, la cohésion l'emportera ; ils se précipiteront tous l'un sur l'autre ; il y aura coagulation.

C'est ainsi que l'on vient d'imaginer une machine à dissiper le brouillard. Le brouillard est un colloïde; il se compose de fines gouttelettes d'eau suspendues dans un fluide, l'air atmosphérique, au sein duquel elles restent séparées par une tension électrique. Déchargeons, dans l'atmosphère, l'électricité de nom contraire produite par une machine, et les gouttelettes, se précipitant par cohésion l'une sur l'autre, formeront quelques grosses gouttes de pluie qui laisseront l'atmosphère limpide; l'opération a admirablement réussi dans des volumes d'air fort considérables et peut avoir un intérêt pratique. Tenons-nous en ici au côté théorique qui seul nous intéresse pour les phénomènes vitaux.

Nous ferons un pas de plus dans la connaissance de l'état protoplasmique en disant, lorsque ce sera complètement établi, que les corps vivants sont tous à l'état colloïdal. Cela nous renseignera sur certaines particularités des substances vivantes, mais ne les définira pas complètement, puisqu'il y a des substances non vivantes qui sont colloïdes; il sera néanmoins plus facile de trouver dans les corps colloïdes des éléments de comparaison pour l'explication des phénomènes vitaux. Nous allons nous servir immédiatement de ces quelques notions empruntées à l'histoire générale des êtres vivants pour faire une étude approfondie d'un cas particulier qui se montrera plein d'enseignements féconds, celui d'une vacuole creusée dans le protoplasma d'un être unicellulaire.

CHAPITRE II

Histoire d'une vacuole digestive.

§ 7. — DÉFINITION DE LA VACUOLE

Chez un grand nombre d'animaux inférieurs, formés d'une masse continue de protoplasma, chez les amibes, les Infusoires ciliés, par exemple, on constate un phénomène curieux qui joue certainement un rôle considérable dans l'alimentation de ces êtres. Sous l'influence de mouvements particuliers à chaque espèce, et que nous n'avons pas à étudier ici, des corps étrangers se trouvent ingérés, englobés dans le protoplasma de ces animaux en même temps qu'une goutte d'eau empruntée au milieu dans lequel vivent ces Protozoaires, mare, infusion végétale, etc... A la suite de ce phénomène d'ingestion, il existe donc, au sein du protoplasma vivant, une grotte, une caverne pleine de l'eau extérieure, et contenant en suspension un ou plusieurs corps étrangers; cette grotte, creusée dans un protoplasma homogène, est généralement à peu près sphérique; on l'appelle *vacuole*. Elle est de tous points comparable à une goutte d'eau située au sein d'une huile lourde, avec cette seule différence que, dans le cas de la vacuole, la substance dans laquelle elle se trouve placée est *vivante*.

Dans tous les cas où une goutte de liquide se trouve ainsi placée dans un liquide différent, on doit prévoir que le liquide ambiant influera sur le liquide inclus ; il arrive en effet, généralement, que certains échanges ont lieu entre les deux liquides, échanges que l'on résume sous l'appellation générale de phénomènes de diffusion. Ces phénomènes de diffusion sont plus ou moins importants, suivant les cas.

Si c'est, par exemple, une goutte d'encre que l'on dépose doucement au sein d'une masse d'eau, la diffusion ne prend fin que lorsque toute trace d'hétérogénéité a disparu, lorsque l'encre se trouve répartie d'une manière régulière dans toute la masse d'eau ; à cause de la couleur de l'encre, on peut suivre de l'œil ce qui se passe ; on voit un nuage croissant qui envahit peu à peu l'ensemble du liquide ; ce qu'on pourrait appeler la *vacuole* est éphémère, c'est un volume grandissant qui contient à chaque instant un mélange d'encre et d'eau, en proportions sans cesse variables, jusqu'à ce que le mélange homogène remplisse le vase où se fait l'expérience ; l'eau et l'encre remplissent finalement l'un et l'autre tout l'espace disponible ; on dit dans ce cas que les deux liquides considérés sont miscibles.

Quand, au contraire, la vacuole étudiée est constituée par une goutte d'huile placée au sein d'un liquide aqueux, elle conserve sa forme sphérique et reste visible, limitée par un contour qui ne semble guère varier comme forme et comme dimensions. Il ne

faudrait pas en conclure que, entre l'eau et l'huile
justaposées, il ne se passe rien ; si, par exemple,
l'huile contenait en dissolution certaines substances
ayant un goût ou une odeur caractéristiques, il se
pourra que l'eau s'imprègne très vite de ce goût ou
de cette odeur. Ici encore, il y aura donc eu gain
d'espace, au moins par certains éléments, quoique
l'huile et l'eau continuent à occuper dans le volume
total des régions séparées par un contour facile à voir.
On dira alors que les deux liquides, eau et huile, ne
sont pas miscibles, mais qu'il y avait, au sein de ces
deux substances, des éléments miscibles avec l'une et
l'autre.

Entre la vacuole d'ingestion d'une amibe et le protoplasma ambiant, il se passera également des phénomènes importants que l'on peut raconter dans le langage de la lutte pour l'espace, sans entrer dans le détail des faits. Cette grotte, creusée dans le protoplasma et remplie au début de substances différentes de celles du protoplasma, est, dans notre langage imagé, un espace à conquérir par la substance vivante, qui y réussira plus ou moins suivant les cas. On donne le nom de *digestion* à la première étape du phénomène, et l'on appelle pour cette raison la vacuole « vacuole digestive ».

§ 8. — LA DIGESTION OU ASSIMILATION PHYSIQUE
PREMIÈRE ÉTAPE DE LA CONQUÊTE

Conquérir un espace, c'est, pour un protoplasma
défini, lui imposer son *état* personnel. Si la conquête
était complète et immédiate, il n'y aurait aucune difficulté dans le langage ; la conquête se ramènerait à

ceci, que l'espace, occupé primitivement par la vacuole, se trouve comblé par du protoplasma *identique* à celui qui l'entourait lors de l'ingestion ; il y aurait *assimilation* au sens littéral du mot, c'est-à-dire que la vacuole ne laisserait d'autre souvenir, dans l'histoire de l'être vivant considéré, qu'une augmentation de la quantité de son protoplasma sans aucune modification de ses propriétés ; le résultat serait celui que produit une goutte d'eau ajoutée à une eau identique, mais le point de départ serait différent, en ce sens que, dans le cas de l'être vivant, le contenu primitif de la vacuole était différent de la substance vivante ambiante, tandis que dans le cas de l'eau, les deux éléments additionnés étaient identiques ; c'est là, d'ailleurs, la caractéristique des êtres vivants.

En fait, c'est bien l'assimilation qui est, au bout d'un certain temps, le résultat de la formation de la vacuole au sein d'un protoplasma vivant, mais cette assimilation n'est pas toujours complète, car il reste souvent ce que l'on appelle des parties non assimilables; si, dans la vacuole, il y avait par exemple des morceaux de verre pilé, ces morceaux de verre ne subiront aucune transformation et finiront simplement par être expulsés du protoplasma, au cours de mouvements que je n'étudie pas plus ici que ceux dont résulte l'ingestion.

Négligeons, pour le moment, ces reliquats condamnés à l'expulsion, et tenons-nous en aux cas où l'assimilation peut être considérée comme complète. Une fois le phénomène terminé, nous pouvons dire que la conquête a eu lieu, que le protoplasma ambiant a imposé son *état* à l'espace primitivement occupé par la vacuole ; mais si nous étudions le processus dans le détail, nous nous heurtons à des étonnements imprévus.

Les transformations que subit la vacuole ont pour résultat définitif l'assimilation ; mais si les étapes successives nous conduisent à ce résultat précis, *l'identité* des substances transformées et de la substance transformante, nous nous trouvons, au cours de ces étapes, en présence d'états qui peuvent, à certains points de vue, paraître *plus éloignés* de l'état d'identité finale, que ne l'était l'état initial du contenu vacuolaire. Si, comme cela a lieu le plus souvent lorsqu'on observe l'ingestion dans les laboratoires, le liquide ambiant est légèrement alcalin, le premier phénomène facile à constater après la formation de la vacuole est l'apparition d'une réaction *acide* dans un liquide primitivement alcalin, et que l'ingestion a introduit au sein d'un milieu protoplasmique également alcalin. J'ai mis en évidence cette particularité curieuse dans les vacuoles d'ingestion d'un très grand nombre de protozoaires. Ainsi la première étape de l'assimilation d'un liquide alcalin ingéré par un liquide alcalin ingérant est de rendre le premier *acide* ! Voilà un résultat inattendu et qui nous donne à réfléchir au sujet de ce que nous appelons « des états voisins » pour deux corps différents.

Cette notion de « voisinage » est bien imprécise et bien trompeuse. L'oxyde rouge de mercure est voisin du minium, au point de vue couleur, et voisin, au point de vue composition chimique, de l'oxyde jaune de mercure qui est d'une couleur toute différente. Si je suis à un pas du but, je m'en éloigne en faisant un second, puis un troisième pas ; dirai-je que, passant du deuxième au troisième pas, je me rapproche de mon point de départ, parce que le nombre 3 est impair comme le nombre 1, tandis que le nombre 2 est pair ! Dans l'impossibilité où nous sommes de décrire une chose dans son ensemble, nous employons forcément un langage analytique; nous décomposons la description du corps à étudier en éléments susceptibles d'une mesure ou tout au moins d'une appréciation aisée par les moyens humains, et il est certain que cette décomposition est factice et conventionnelle ; or, nous ne pouvons comparer entre eux, quand il s'agit de deux corps différents, que les éléments de ces deux corps dont nous faisons l'appréciation dans le même langage ; les deux exemples que j'ai donnés, il y a quelques lignes montrent combien il serait illusoire de juger du voisinage des corps d'après celui des propriétés mesurables dans lesquelles nous décomposons artificiellement leurs descriptions; mais alors comment en juger?

Nous ne pouvons sortir de notre nature d'homme et nous servir de moyens d'appréciation autres que les moyens humains. Il vaut mieux renoncer à se servir de cette notion de voisinage, ou, au moins, se borner à dire que, quand un corps est en train de se transformer de manière à devenir identique à un autre, il en est d'autant plus voisin qu'il est plus près du moment où il lui sera identique. Avec cette convention, puisque nous savons que, dans le cas étudié, le contenu de la vacuole est en train de s'identifier au protoplasma ambiant, nous dirons que son état s'approche sans cesse de celui de ce protoplasma, quoique, dans certains détails, au point de vue de la réaction alcaline ou acide par exemple, il semble d'abord s'en écarter.

Cela posé, quand il s'agira de corps qui ne se transforment pas l'un dans l'autre, les questions de voisinage n'auront aucune signification ; (à moins que l'un d'eux subisse une transformation *analogue* à une transformation qui soit connue à l'avance comme rapprochant du second un troisième corps susceptible de lui devenir identique ; encore restera-t-il bien de l'obscurité et de l'imprécision dans ce langage ; il faudra savoir apprécier la valeur des analogies ; ce ne sera pas scientifique).

Revenons à notre vacuole ; dans le cas simple que nous venons d'étudier d'abord, elle s'identifie petit à petit au protoplasma ambiant ; au bout d'un temps plus ou moins long suivant le cas, l'un de ses caractères physiques les plus importants, au point de vue de la description qu'en peut faire l'observateur au microscope, se transforme d'une manière notable ; son contour devient de plus en plus difficile à voir ; son contenu est donc, pour ce qui est des propriétés optiques, de moins en moins différent du protoplasma qui l'entoure ; il y a là, évidemment, une modification dont nous ne savons rien, sinon qu'elle se manifeste par des variations de propriétés physiques ; et cependant, cette simple remarque nous donne une idée qui pourra être le point de départ d'un langage commode.

Une fois, en effet, que l'assimilation définitive sera obtenue, cela voudra dire qu'il y a identité entre le contenu de l'espace primitivement occupé par la vacuole et le protoplasma ambiant, tant au point de vue physique qu'au point de vue chimique. Sans essayer de préciser pour l'instant ce qui est du ressort de la physique et ce qui est du ressort de la chimie, (et, dans l'espèce, ce serait fort difficile puisque nous ne connaissons pas la chimie du protoplasma) nous pouvons, dans le langage, séparer provisoirement les phénomènes qui conduisent à l'identité physique de ceux qui conduisent à l'identité chimique. Nous avons vu, par exemple, que la réaction acide de la vacuole (particularité que, jusqu'à nouvel ordre, on considère comme chimique) accompagne la disparition optique du contour de la même vacuole, (particularité que nous devons considérer comme physique). La difficulté est d'autant plus grande que les phénomènes vitaux se passent précisément dans ce canton indécis, qui est à cheval sur la physique et la chimie, et que l'on a appelé chimie physique.

Faisons tout de même cette distinction dans le langage, sans préciser d'abord plus qu'il ne faut, et en prévision de la nécessité, où nous nous trouverons bientôt, de séparer les unes des autres quelques-unes des étapes de l'assimilation.

Pour nous conformer au langage courant, nous donnerons le nom de *digestion* à l'ensemble des phénomènes physiques qui se passent dans la vacuole, et qui imposent au contenu de cette vacuole l'état physique du protoplasma ambiant; autrement dit, la digestion sera l'*assimilation physique* du contenu vacuolaire par la substance active qui l'entoure. Il est évident que cette décomposition du phénomène total de l'assimilation a quelque chose de tout à fait factice, d'autant plus que l'assimilation physique entraîne forcément, dans certains cas, quelques réactions chimiques, mais la décomposition que l'on fait du même phénomène dans le langage courant par comparaison avec ce qui se passe chez l'homme est également factice. On dit qu'il y a sécrétion de sucs digestifs dans la vacuole, digestion du contenu vacuolaire, absorption des substances digérées et enfin assimilation définitive ; tout cela paraît très clair parce que c'est emprunté à l'histoire de l'homme, mais, en réalité, on serait bien en peine de donner dans le langage de la chimie ordinaire le détail de chacune de ces opérations partielles.

§ 9. — SPÉCIFICITÉ DE L'ACTE DIGESTIF

Le plus grave inconvénient de ce langage est, à mon avis, qu'il sépare totalement la digestion de l'assimilation ; il enlève à la digestion son caractère spécifique et conduit à cette idée dangereuse que le même corps est digéré de la même manière dans les vacuoles protoplasmiques d'espèces unicellulaires différentes. Tous ceux qui emploient ce langage, (et je me reproche de l'avoir moi-même bien souvent employé), arrivent fatalement à considérer simplement la digestion comme une dissolution. Or, si l'on y regarde de près, on constate bien vite que ce mot dissolution, précis quand il s'agit d'un cristal qui se liquéfie, n'a plus aucun sens quand il s'agit de corps colloïdes comme le sont ordinairement les aliments des animaux.

Un corps colloïde, quand il est digéré par un être vivant, se trouve transformé en un autre corps également colloïde ; il n'y a pas là passage d'un état solide à un état liquide comme dans une dissolution ; il y a seulement modification d'un état colloïde, et l'on conçoit aisément que, chaque protoplasma spécifique ayant en propre ses particularités d'état physique et de composition chimique, la digestion, par ce protoplasma, d'un colloïde ingéré soit simplement une *assimilation physique*. Le protoplasma actif et vivant impose son état physique personnel aux colloïdes différents introduits dans ses vacuoles ; c'est là la seule signification convenable que l'on puisse donner au mot *digestion*.

Si nous possédions des appareils nous permettant d'apprécier, de mesurer, ce que nous appelons l'état physique du protoplasma d'une espèce donnée, nous serions à même de définir d'une manière détaillée ce que signifie le mot *assimilation physique*. En réalité, nous ne savons pas ce que c'est qu'un même état physique dans deux corps différents ; nous constatons seulement que les variations qui se produisent dans la vacuole sont dans le sens de la réalisation d'un état d'équilibre entre ce contenu et le contenant. L'équilibre définitif n'est obtenu que lorsque l'assimilation totale, tant physique que chimique, a été réalisée ; la séparation de la digestion dans l'ensemble des phénomènes qui conduisent à l'assimilation n'aurait donc que le valeur d'un terme analytique conventionnel, si l'on ne savait pas, expérimentalement, déterminer des phénomènes partiels qui s'arrêtent à mi-chemin de l'assimilation, des *digestions in vitro*. C'est là une chose très importante, et, si l'on y a été conduit par des considérations théoriques aujourd'hui insoutenables, il n'en est pas moins vrai qu'elle est peut-être la conquête la plus précieuse de la biologie.

Tant que la vacuole à un contour distinct dans le protoplasma vivant, on peut parler de son contenu comme de quelque chose d'étranger à ce protoplasma et considérer les variations qui s'y produisent comme résultant de substances qui y sont sécrétées par le protoplasma, qui s'y introduisent par diffusion, émanant de la substance vivante. Alors, on regarde les phénomènes qui se passent dans la vacuole comme résultant, non plus de l'action directe, de l'*influence* du corps vivant lui-même sur le contenu de la vacuole, mais des réactions physiques ou chimiques qui se produisent au sein du liquide vacuolaire, grâce à la présence, dans ce liquide, des éléments sécrétés par le protoplasma. Cette manière de voir, évidemment empruntée à l'histoire de l'homme a conduit à faire des expériences qui ont partiellement réussi et que je vais résumer en quelques lignes :

S'il y a, dans le protoplasma vivant d'une amibe, par exemple, des principes diffusibles dans l'eau, mais qui sont plus ou moins retenus[1] dans ce protoplasma pendant que l'amibe vit, on pourra, mécaniquement, en triturant les corps des amibes dans un liquide, y faire diffuser ces principes actifs ; puis dans ce liquide, placé autant que possible dans les conditions de la vacuole observée (réaction acide par exemple), on introduira un corps susceptible d'être digéré par une vacuole d'amibe, et on verra s'il subit *in vitro*, dans le liquide ainsi préparé, les mêmes transformations. La question est de savoir, en d'autres termes, si l'activité digestive de l'amibe est *transportable* en dehors de l'amibe vivante. La réponse donnée aujourd'hui à cette question par l'expérience est que l'activité étudiée est transportable *partiellement*[2].

---

1 Nous verrons plus tard ce qu'il faut penser de cette hypothèse de la rétention des diastases dans les cellules vivantes.

2. Voici, d'après M. Metchnikoff, le détail de l'expérience réalisée à ce sujet par M. Mouton : « Il prélevait des quantités d'amibes,

Ce résultat, tout grossier qu'il soit, est fort remarquable ; il montre qu'un liquide non vivant peut être doué artificiellement de quelques-unes des propriétés les plus curieuses de la vie ; des auteurs ont pu en inférer que ce liquide est doué d'une vie partielle, ce qui est une manière de parler au moins inutile.

Au point de vue où nous nous plaçons, le résultat de cette expérience a un autre intérêt ; il nous permet d'arrêter à l'une de ses étapes le phénomène de l'assimilation qui, dans l'amibe, allait toujours jusqu'à l'identité totale,

J'ai proposé d'appeler *assimilation physique* cette étape de l'assimilation vitale qui est réalisable en dehors de la vie ; j'espère que la suite justifiera cette appellation qui est plus avantangese que le mot « digestion » ; nous verons combien est féconde cette

---

et, après les avoir centrifugées avec de l'eau, il traitait le dépôt avec de la glycérine. A l'aide de l'alcool il obtenait un précipité qui se dissolvait facilement dans l'eau. Le liquide obtenu exerçait une influence digestive incontestable sur les substances albuminoïdes. Il liquéfiait facilement la gélatine et attaquait, quoique faiblement, l'albumine coagulée par la chaleur... Il y avait donc, dans le liquide préparé avec les amibes, une diastase protéolytique, mais d'activité faible. Par contre, le même extrait ne renfermait ni sucrase capable d'intervertir le sucre de canne, ni lipase pour digérer les matières grasses... Les expériences de M. Mouton, dirigées vers l'action de l'amibodiastase sur les bactéries et faites avec les coli-bacilles vivants, lui ont donné des résultats négatifs. Mais ces microbes, préalablement tués par la chaleur ou par le chloroforme ont été bien attaqués par le ferment soluble des amibes... L'amibodiastase digère donc bien *in vitro* les bactéries mortes, tandis que, dans le corps des amibes, elle attaque les bactéries à l'état vivant. Il faut en conclure, ajoute M. Metchnikoff, que ce n'est qu'une faible partie de cette diastase qui passe dans les extraits de M. Mouton ».

Ou plutôt, dirai-je volontiers, que la diastase ou partie transportable de l'activité vitale dans le cas actuel ne représente que l'un des éléments de cette activité vitale.

notion de la *transportabilité partielle* des activités vitales spécifiques dans les liquides morts. Toute la sérothérapie est sortie de là.

Avant d'aller plus loin, je ne crois pas inutile de montrer, par un exemple saisissant, combien cette expression « assimilation physique » est préférable au mot digestion qui écarte toute idée de spécificité. Dans l'idée de ceux qui emploient le mot digestion, il est évident que le phénomène de la transformation d'un colloïde déterminé par l'agent digestif est comparable à une banale dissolution; les viandes, par exemple, sont digérées, c'est-à-dire réduites en bouillie fluide, dans le suc gastrique de l'homme et dans le suc gastrique du porc, et toute idée de spécificité, de précision, dans une telle digestion est tellement écartée que l'on s'étonne de voir résister à l'action du suc gastrique les cellules mêmes qui les ont produites ; voici un passage que j'emprunte à un récent petit traité de physiologie, d'ailleurs excellent : « Pourquoi les diastases telles que la pepsine et la trypsine, qui digèrent les matières azotées, ne digèrent-elles pas l'estomac et l'intestin vivants ? On n'en sait rien.

« Les tissus vivants jouissent pour ces diastases d'une immunité remarquable. Dire qu'il y a immunité n'est d'ailleurs pas expliquer le fait, mais l'exprimer simplement en indiquant son analogie avec d'autres qu'on verra plus tard[3] ». Cette question se pose naturellement en effet, si l'on considère simplement la digestion comme une dissolution ; elle ne se pose plus si on la considère comme une assimilation physique, car les cellules vivantes qui agissent sur des colloï-

---

3. Brücker. *Sciences naturelles*, p. 165. Paris, Delagrave, 1905.

des en les assimilant n'ont pas besoin de se transformer pour devenir semblables à elles-mêmes ; elles sont au contraire et rigoureusement, en équilibre spécifique avec le liquide digestif qui impose leur état physique aux aliments d'origine différente.

Je me contente de signaler ce fait; nous en trouverons de plus importants, et du même ordre, dans les cas de fabrication de sérum spécifique à la suite, par exemple, d'injection de lait de vache dans le péritoine d'un cobaye. Cette fabrication, tout à fait incompréhensible avec l'ancienne notion de digestion, devient au contraire tout à fait claire avec la notion d'assimilation physique. On comprend de même immédiatement que le venin des serpents soit inoffensif pour les serpents.

§ 10. — PREMIÈRE NOTION DE LA TRANSPORTABILITÉ PARTIELLE DES FACTEURS PHYSIQUES DE LA LUTTE VITALE

H. Mouton, qui a fait sur les amibes les expériences précédemment signalées[1] de transport d'activité digestive dans des liquides morts, dit, suivant en cela l'habitude répandue aujourd'hui partout, que ce liquide extrait mécaniquement des cadavres triturés d'amibes, contient un corps spécial, capable de digérer des albuminoïdes dans certains conditions, et qu'il appelle « amibodiastase ».

On donne, d'une manière générale le nom de diastases à des corps, *connus seulement par leurs effets*, et qui transportent, dans les liquides où ils se trouvent,

---

1. V. plus haut, p. 55, en note.

les propriétés d'assimilation physique des substances vivantes.

Tant qu'il ne s'agit que des phénomènes de digestion de l'ordre de ceux qui se passent dans un estomac de veau ou de porc, le résultat de l'action des diastases est assez difficile à analyser avec précision pour que l'on n'ait pas songé qu'il puisse être différent pour des animaux différents ; on dit, par exemple, couramment, *la* pepsine, *la* trypsine, au lieu de dire : « de la pepsine de veau, de la trypsine de porc », comme si l'on était sûr que les résultats de leur action sur une même viande sont identiques. Au contraire, pour d'autres digestions ou mieux pour d'autres assimilations physiques, qui se traduisent par des maladies, et pour lesquelles on a des réactifs très précis, on définit les diastases actives ou toxines, non plus par leurs effets, mais par leur origine ; on dit de la toxine tétanique et non de la toxine convulsivante, exprimant que cette toxine représente une partie transportable de l'activité du microbe du tétanos, sans indiquer comment se manifeste cette activité.

Pour être complet il faut définir une diastase à la fois par son origine et par ses effets, car, d'une part des diastases d'origines diverses peuvent avoir des effets assez analogues pour que l'observation grossière de l'homme ne les distingue pas les unes des autres, d'autre part, une même substance vivante peut donner naissance, dans des conditions différentes, à des diastases ayant des activités différentes.

Le plus souvent on néglige l'une des parties de la définition ; on se contente de caractériser les diastases digestives par leur résultat (amylases, pepsine, trypsine, maltase, sucrase, etc.) et les diastases toxiques par leur origine (toxine tétanique, toxine diphtérique, etc.). La sucrase, par exemple a pour propriété caractéristique d'intervertir le sucre de canne ou saccharose. Cette interversion est un phénomène chimique précis facile à suivre et même à doser au moyen de la liqueur de Fehling.

Fernbach a étudié la sucrase provenant de l'aspergille niger, et celle que fournissent diverses levures de bière, en les caractérisant par la quantité de sucre qu'elles intervertissaient en un temps donné dans des conditions données. On pourrait se dire, étant donnée l'identité des résultats, l'interversion du sucre, que toutes les espèces vivantes étudiées par ce savant produisent *une même diastase*, en proportions variables suivant les espèces et suivant les conditions où on les cultive.

Mais, d'abord, on connaît des agents autres que la sucrase, des acides, par exemple, qui peuvent intervertir le saccharose dans certaines conditions ; on peut donc penser, et d'autres faits le confirmeront, que la sucrase n'est pas un composé chimique défini agissant dans le cas considéré, en vertu de ses propriétés chimiques, mais représente plutôt un certain *état*, un certain ensemble de conditions dans lesquelles le saccharose ne peut subsister sans s'intervertir ; en d'autres termes, les espèces vivantes qui produisent de la sucrase seraient simplement des espèces avec lesquelles le saccharose ne peut rester en équilibre à l'état de saccharose, mais seulement à l'état de sucre interverti.

Et alors, le fait de l'interversion du sucre n'indiquerait pas une *identité* entre les états des liquides où vivent les espèces productrices de sucrase, mais seulement une analogie; deux courants d'eau différents peuvent faire tourner le même moulin, sans que pour cela on ait le droit de dire que ces courants d'eau sont identiques; il vaudrait donc mieux parler du *pouvoir inversif* des liquides considérés, plutôt que de laisser supposer, par l'emploi du mot sucrase, l'existence dans ces liquides de substances identiques ayant des provenances différentes; l'étude des diastases microbiennes ou toxines lorsquelle se fait au moyen de réactifs vivants bien plus précis que l'inversion du sucre de canne, semble prouver que ces diastases sont vraiment spécifiques, particulières à l'espèce qui les produit; et, par conséquent, si la grossièreté du moyen d'investigation employé dans le cas du sucre de canne nous fait penser à l'existence d'une *même* diastase dans les liquides provenant d'espèces différentes, nous devons penser, par analogie avec les toxines, que cette identité est trompeuse et provient simplement de l'imperfection de nos procédés de recherche.

Les manifestations de la vie d'une espèce cellulaire quelconque sont extrêmement complexes; en se plaçant seulement au point de vue des transformations que cette espèce fait subir aux substances du milieu qui la baigne, et en négligeant les faits vitaux essentiels, l'assimilation proprement dite ou accroissement de la quantité de substance vivante, on peut se proposer d'analyser l'activité totale de la cellule en la décomposant en activités transportables dans des milieux morts; ce serait là l'analyse vraiment biologique d'une vie cellulaire. Malheureusement, ces activités transportables, on ne les connaît que par leurs résultats; peut-être que deux résultats très différents pour nous observateurs, l'inversion du sucre de canne et une action toxique sur une espèce vivante sont la conséquence d'une même particularité ; peut-être, au contraire, un même résultat est-il dû pour deux parts inégales à deux agents que nous ne savons pas distinguer. Rien n'est plus grossier que les moyens, même les plus perfectionnés, par lesquels on *sépare* aujourd'hui les diastases diverses dans les laboratoires ; mais il règne dans cette voie une telle activité que l'on peut s'attendre à des découvertes considérables avant peu de temps.

Les quelques remarques que nous venons de faire au sujet des phénomènes de la vacuole digestive, nous permettent seulement d'annoncer ce fait très important : qu'une petite partie de l'activité spécifique des êtres vivants peut être transportable dans des liquides morts ; cette activité transportée conserve, dans ces liquides morts, un des caractères de la vie, celui du triomphe possible dans certaines conditions de lutte ; la diastase est susceptible d'imposer son état physique à certaines substances qu'elle modifie ; elle est capable *d'assimiler physiquement, sans se détruire*, certaines substances bien choisies.

C'est là une des particularités les plus anciennement connues des diastases ; il y a plus de quarante ans déjà, Wurtz et Bouchut, ayant imprégné de papaïne une certaine quantité de fibrine, ont vu que cette fibrine « se digère elle-même dans de l'eau acidulée en abandonnant de la papaïne à cette eau » ; en d'autres termes, la papaïne a, sans se détruire, assimilé physiquement de la fibrine dans de l'eau acidulée.

§ 11. — LE TRIOMPHE N'EST JAMAIS CERTAIN; IL DÉPEND DES CIRCONSTANCES

Mais, de même que les êtres vivants, s'ils sont susceptibles de vivre, c'est-à-dire de triompher, dans certaines conditions, sont aussi capables de mourir, c'est-à-dire d'être vaincus dans d'autre circonstances, il y a également des cas où les diastases sont détruites; il faut étudier la lutte des diastases contre les autres corps de la nature, pour savoir ensuite annoncer avec certitude que, dans telle conjoncture, telle diastase, ayant telle provenance, l'emportera sur tel ennemi, ou sera vaincue.

Cette lutte dans laquelle l'un des combattants est une diastase transportant partiellement l'activité d'un être vivant, sera d'autant plus intéressante que l'ennemi contre lequel elle luttera sera lui-même un être vivant.

Si la diastase est victorieuse, l'être vivant sera tué; on dira alors que la diastase a joué, vis-à-vis de cet être, un rôle toxique; si la diastase est vaincue, elle sera digérée, assimilée par l'être vivant, souvent au moyen d'une activité transportable, spécifique par rapport à la première, et que l'on appellera antitoxine. Une grande partie de la pathologie réside dans l'histoire de ces luttes.

Un cas encore plus intéressant peut-être sera celui où deux êtres vivants luttent l'un contre l'autre, soit corps à corps, soit par l'intermédiaire de diastases spécifiques transportables; notre notion de l'assimilation physique nous aidera puissamment à comprendre, dans ces cas, la spécificité des actions réciproques.

Enfin, armés par ces deux études, nous arriverons à donner un caractère plus symétrique à la notion de lutte entre corps dépourvus de vie, et à considérer, le plus souvent, une digestion comme une *lutte de diastases*, et non comme l'action d'un facteur actif sur un facteur passif.

Avant d'entreprendre l'exposé général de la lutte, terminons l'histoire de notre vacuole en rappelant succinctement les divers cas que peut présenter son histoire.

Nous avons supposé, en commençant, que le corps ingéré dans la vacuole était susceptible d'une assimilation totale; nous avons fait allusion, en outre, au cas où ce corps ingéré contient des parties inertes, inattaquables par l'être vivant et qui sont ensuite expulsées sans avoir été modifiées.

Mais il peut se présenter aussi telle circonstance où le corps ingéré, au lieu d'être détruit est assimilé par le protoplasma ambiant est, au contraire, nuisible à ce protoplasma ; si ce cas ne s'est pas présenté à nous au cours de nos précédentes déductions, c'est que nous avons supposé, en commençant, que le corps vivant, ayant ingéré le corps étranger, *continuait de vivre;* cette hypothèse enlevait à l'histoire de ce qui se passe dans la vacuole son caractère symétrique de lutte, puisque le triomphe du protoplasma ambiant était assuré.

La question devient toute autre si le corps ingéré dans la vacuole est lui-même un corps vivant ou une diastase; le fait d'être inclus n'implique pas une infériorité certaine dans la lutte; le parasite de la malaria, entrant dans un globule rouge du sang l'assimile au lieu d'être assimilé par lui; nous devons donc raconter l'histoire de la vacuole comme celle d'une véritable lutte entre le corps ingéré et le corps ingérant.

Si le corps ingérant l'emporte, comme nous l'avons supposé dans les pages précédentes, il y a digestion intracellulaire et assimilation ; si le corps ingéré se défend, il y a maladie du corps ingérant ; enfin si le corps ingéré l'emporte, il y a mort du corps ingérant, lequel est assimilé par le corps ingéré (assimilation physique seulement si le corps ingéré était une diastase ou toxine, assimilation totale ou proprement dite si le corps ingéré était un être vivant qui se nourrit de son hôte.)

Enfin, il peut se produire encore un autre cas, plus rare à la vérité, c'est celui où les deux ennemis, tous deux vivants, peuvent s'accorder l'un avec l'autre sans se digérer sans s'assimiler l'un l'autre ; il faut pour cela que les deux adversaires soient en équilibre l'un avec l'autre, que les diastases de l'un ne modifient l'autre en aucune façon ; je signalerai un exemple de cette *symbiose* au chapitre des affections chroniques, et j'étudierai avec quelque détail les conditions dans lesquelles elle se produit.

On peut voir que l'histoire de la vacuole d'ingestion présente justement tous les cas que nous nous sommes tout à l'heure proposé d'étudier dans ce livre ; mais comme les études expérimentales ont été faites plutôt sur les espèces animales supérieures pluricellulaires, nous nous adresserons principalement à ces animaux pour nos études de lutte biologique, quoiqu'ils présentent une complexité plus grande à cause de leurs nombreux tissus.

Enfin, je fais remarquer en terminant ces considérations, que le cas où le corps ingéré par le protoplasma vivant est situé dans une vacuole pleine d'eau n'est pas général; j'ai choisi ce cas parcequ'il nous a fait toucher du doigt le fait de la transportabilité de certaines activités vitales dans des liquides morts, mais, chez certains protozoaires inférieurs, les corps ingérés baignent directement dans le protosplasma lui-même, sans goutte d'eau interposée; il y a donc véritable corps à corps et non lutte par des diastases diffusées; mais cela revient au même si l'on se dit que l'action d'un hôte sur son parasite ou d'un parasite sur son hôte n'est pas une simple action de contact, mais une lutte généralisée dans l'épaisseur de la substance de chacun d'eux, par la pénétration dans cette substance de l'influence de son antagoniste.

CHAPITRE III

Lutte d'un corps vivant contre un corps vivant.

« Ote-toi de là que je m'y mette. »

§ 12. — LUTTE INDIRECTE ET CORPS A CORPS

Darwin a tiré un grand parti de la « lutte pour l'existence » dans son explication de la formation des espèces, mais il s'est servi du mot lutte dans un sens bien plus général que celui avec lequel nous l'employons ici. Il a parlé le plus souvent de lutte au figuré, sans vouloir laisser entendre que, dans tous les cas dont il s'occupait, il y eût réellement corps à corps entre les individus dont les intérêts étaient opposés ; c'était souvent un conflit d'intérêts et non un conflit direct de personnes.

Si, par exemple, on a semé diverses graines dans une plate-bande, et qu'on ait laissé ensuite les plantes se multiplier par elles-mêmes, il arrivera que certaines espèces prospèreront, que d'autres disparaîtront, sans qu'on ait besoin d'invoquer, pour expliquer la disparition de ces dernières, une action directe des premières. On aurait pu conserver par la culture, dans la même plate-bande, un nombre limité d'individus de toutes ces espèces sans constater jamais un antagonisme dirèct entre elles[1]; et cependant, dans le conflit d'intérêts qui consiste à s'approprier, à s'assimiler, une quantité donnée d'humus, il arrivera que, abandonnées à elles-mêmes, des espèces prospèreront et seront représentées par un nombre croissant d'individus, tandis que d'autres finiront par disparaître.

En fin de compte, c'est bien une lutte tout de même que cet état dans lequel deux individus tirent, chacun de son côté, la couverture à soi, puisque celui qui est privé de couverture finit par mourir ; mais il faut cependant établir une différence entre le cas où l'un des concurrents ne nuit à l'autre qu'en s'emparant de toute la nourriture disponible, et celui où l'un d'eux exerce sur l'autre, soit directement, soit par l'intermédiaire de ses diastases, une influence nuisible.

Dans du liquide Raulin bien préparé, on peut laisser tomber toutes les poussières de l'air indistinctement ; pourvu qu'il y ait dans ces poussières des spores d'*aspergillus niger*, on peut être sûr que les autres moisissures et les microbes de toute espèce ne se développeront pas et que l'on obtiendra une culture abondante et à très peu près pure, d'aspergillus. Là,

---

1. Je ne dis pas qu'il ne puisse pas y avoir d'antagonisme direct entre des plantes d'espèces différentes ; on connaît, au contraire, certaines espèces dont le voisinage est nuisible à certaines autres, indépendamment de toute concurrence, comme cela se manifeste aussi dans les antagonismes microbiens ; je veux seulement faire remarquer que le principe de Darwin peut se comprendre sans qu'il soit indispensable d'invoquer un corps-à-corps.

c'est seulement l'adaptation parfaite de l'espèce au milieu choisi qui lui permet d'assimiler tout le liquide au détriment des espèces différentes ; on ne peut invoquer un antagonisme spécifique de l'aspergillus avec toutes les espèces, *n'importe lesquelles*, qui, en l'absence de l'aspergillus, se développeraient fort bien dans le liquide considéré.

Tout autre est le cas de l'antagonisme spécifique qui a été remarqué, par exemple, entre le bacille du pus bleu et la bactéridie charbonneuse ; là, indépendamment de toute concurrence alimentaire, il y a action nocive directe de la première espèce sur la seconde ; les produits diffusés du pus bleu rendent inhabitable pour la bactéridie un milieu où elle eût prospéré ; ce n'est pas encore le corps-à-corps proprement dit, c'est cependant déjà la lutte, par des moyens indirects il est vrai, mais la lutte réelle néanmoins. Pour trouver le corps-à-corps il faut s'adresser au cas où les deux adversaires sont en contact intime et non en deux points *différents* d'un milieu liquide dont ils s'efforcent, chacun de son côté, d'assimiler les produits diffusibles.

Ce contact intime ne se trouve guère réalisé dans la nature que lorsqu'un des deux adversaires pénètre dans la substance de l'autre, sauf les cas où l'un d'eux s'accole à l'autre et ne s'introduit que partiellement dans son sein ; en d'autres termes, il n'y a réellement *lutte directe* que lorsqu'il s'agit de la *lutte pour l'espace*, lorsque deux adversaires s'efforcent d'occuper *le même point* du milieu ; la lutte alimentaire et la lutte indirecte, s'exerçant au moyen de produits diffusés, mettent en réalité aux prises, non pas deux individus vivants, mais un individu vivant et les liquides morts transportant partiellement l'activité de l'autre ; nous les étudierons donc au chapitre suivant qui traite de la lutte des corps vivants avec les corps de la seconde catégorie. Dans le chapitre actuel, nous nous bornerons à la lutte directe pour l'espace, lutte qui revient à la formule triviale : « ôte-toi de là que je m'y mette », à condition que l'on interprète cette formule dans le sens le plus féroce, et qu'il s'agisse pour l'agresseur, non de déplacer dans le milieu l'être qu'il attaque, mais de le remplacer dans sa propre substance, « dans sa peau ».

§ 13 — L'ACINÉTIEN SUCEUR

Ce problème de la lutte pour l'espace comprend l'histoire d'une grande partie des maladies aiguës, où l'agent pathogène vivant pénètre dans l'intérieur de l'individu qu'il rend malade et engage avec lui un terrible corps-à-corps ; avant d'envisager ce problème dans son ensemble, je signale seulement un cas de lutte directe un peu différent et qui nous donnera un enseignement intéressant, je veux parler de l'acinétien suceur qui s'empare de la substance d'un infusoire.

L'acinétien est un petit être unicellulaire muni de suçoirs ressemblant à une aiguille creuse de seringue de Pravaz ; il enfonce un de ces suçoirs dans la substance d'un infusoire cilié que son contact paralyse (ce qui peut nous faire croire que les diastases de l'acinétien sont toxiques pour l'infusoire); puis, par ce suçoir, il absorbe toute la substance protoplasmique de cet infusoire souvent beaucoup plus volumineux que lui-même.

Ainsi se trouvent mélangées, dans le contour de

l'acinétien suceur, d'une part la substance de l'acinétien, d'autre part une quantité plus considérable de substance empruntée à l'infusoire capturé ; la lutte entre ces deux substances se termine par la victoire de l'animal suceur ; s'il reste vivant, il impose en effet son état personnel à tout le protoplasma étranger qu'il a ingéré ; dans ces conditions, on dit que le protoplasma ingéré est *alimentaire* pour l'acinétien ; si l'acinétien était vaincu dans la lutte et mourait des suites de son repas, on dirait que la substance avalée lui est *toxique*.

Dans le cas très particulier de cet acinétien, ce qui est ingéré, on est tenté de dire que c'est bien de la substance vivante, ou du moins une substance qui transporte avec elle une grande partie des propriétés de l'infusoire sucé, mais ce n'est pas un *être vivant*, capable réellement de vivre c'est-à-dire d'assimiler totalement ; des expériences nombreuses ont montré en effet que du protoplasma cellulaire ne peut assimiler qu'en présence du noyau de la cellule ; c'est donc, pour parler rigoureusement, une substance morte qui est ingérée par l'acinétien, une substance incapable d'assimilation chimique, mais qui, au point de vue de l'assimilation physique, transporte avec elle le plus possible des propriétés protoplasmiques de l'animal sucé, bien plus, en tous cas, d'entre ces propriétés, que n'en saurait transporter n'importe quel liquide résultant d'une trituration du corps de l'infusoire ; et, par conséquent, l'ingestion de protoplasma d'infusoire par un acinétien est un cas intermédiaire entre l'introduction de diastases actives et l'introduction d'un être vivant complet dans un autre être vivant. Arrivons maintenant à ce cas de la lutte véritable, du corps-à-corps entre deux vivants.

§ 14. — LUTTE DIRECTE DU MICROBE ET DE L'HOTE

Un microbe est introduit au sein du protoplasma d'un animal; la région occupée par le microbe est donc dérobée par lui au protoplasma vivant qui la remplissait précédemment; cette région passe brusquement de l'état de l'animal à l'état du microbe; une lutte pour l'espace s'engage entre les deux états, le protoplasma ambiant tendant à imposer son état personnel au canton occupé par le corps du microbe et, réciproquement, le microbe tendant à imposer, du moins tant qu'il reste vivant, au milieu qui l'entoure, un état avec lequel il puisse se trouver en équilibre.

A cette lutte pour l'espace s'ajoute une lutte alimentaire, le microbe ne pouvant tirer que de la substance de l'hôte les matériaux dont il a besoin pour l'entretien de sa vie. Que l'on s'arrête à la considération de la lutte pour l'espace où à celle de la lutte alimentaire, on est obligé de constater que, les protoplasmas qui luttent n'étant pas mélangés l'un avec l'autre, chacun d'eux occupant un espace rigoureusement défini, la lutte réelle ne se passe pas entre les deux protoplasmas eux-mêmes, mais entre chacun d'eux et l'*émanation* de l'autre ; le corps-à-corps, même dans ce cas où il est le plus complet, n'entraîne pas une lutte directe au sens précis du mot, mais une lutte indirecte de chacun des ennemis avec l'*influence* qu'exerce l'autre dans son ambiance immédiate.

Voilà la conclusion à laquelle on est fatalement

conduit, *savoir qu'un être vivant n'agit pour ainsi dire jamais par lui-même,* mais par ses représentants transportables, par son *émanation* tant physique que chimique; voilà, du moins, la conclusion à laquelle on serait fatalement conduit, si l'on considérait, comme on le fait d'ordinaire, que l'être vivant existe par lui-même dans son contour limitant, et indépendamment du milieu ambiant.

Or, c'est là une erreur manifeste, et qui provient des vieilles théories vitalistes, dans lesquelles on admettait un principe vital animant le corps vivant et localisé en lui. En réalité, un être vivant est le résultat d'une lutte de deux facteurs, la substance localisée dans le contour de l'animal, le corps de l'animal d'une part, et d'autre part le milieu ambiant; l'un de ces deux facteurs est transportable avec toutes ses propriétés, mais il ne saurait être vivant, être en train de vivre, sans le milieu qui l'entoure; la vie, c'est la lutte même entre le corps de l'être et l'ambiance; c'est la lutte entre l'hérédité, ensemble des qualités transportables, et l'éducation ensemble des états successifs du milieu parcouru. On n'a aucunement le droit de parler de la vie d'un corps protoplasmique *isolé*; cela ne signifie rien.

Par conséquent, lorsqu'un microbe entre dans un protoplasma vivant, on ne doit pas considérer seulement le corps limité par le contour de chacun des combattants, mais, pour chacun d'eux, le corps lui-même et son ambiance; et alors, le fait de l'introduction de l'un des vivants dans l'autre se ramène à ce que le corps de chacun des combattants devient, dans la région considérée, l'ambiance de l'autre; ce n'est donc pas une lutte qui commence, c'est une lutte qui continue ; et cette *lutte de deux vies* est directe si l'on considère chaque vie comme ayant pour théâtre un corps et une ambiance, au lieu de s'arrêter à la notion insoutenable de la vie localisée dans le corps même de chaque combattant.

On trouvera peut-être dans ces considérations un souci exagéré de rigueur, mais ce souci de rigueur ne sera pas inutile et pourra même nous conduire à des notions fécondes. La première notion qui en résulte est celle-ci, que, dans un vase contenant une infusion, par exemple, la vie de chaque infusoire doit être considérée comme occupant tout l'espace liquide, avec plus ou moins d'intensité suivant qu'on se rapproche où qu'on s'éloigne du corps de l'être vivant ; et cela suffit pour qu'on ne s'étonne plus des actions attractives ou répulsives s'exerçant à distance entre corps vivants de la même infusion, et connues sous le nom de phénomènes *chimiotactiques*.

§ 15. — LA VIE DE L'ÊTRE ENVISAGÉE DANS LE MILIEU

La vie de l'être protoplasmique, *envisagée dans le milieu, en dehors de son corps*, comprend bien des particularités susceptibles d'être séparées, au moins dans le langage ; certainement cette vie comprend des mouvements chimiques et des influences physiques :

Au nombre des premiers, il faut compter l'appel de substances alimentaires par suite de la consommation de celles qui environnent le plus immédiatement le corps de l'animal, et aussi la diffusion des substances excrémentielles ou substances accessoires à l'assimilation et produites en même temps que le protoplasma nouveau. Ce double courant peut être considéré comme un mouvement de substances chimiquement définies et l'on conçoit qu'il occupe tout l'espace disponible dans le milieu, jusqu'à ce que les substances alimentaires soient épuisées, ou que les substances excrémentielles aient saturé le milieu (ce qui, l'expérience l'a prouvé, suspend la vie des êtres unicellulaires).

Outre ces mouvements chimiques, il y a aussi, certainement, des phénomènes physiques qui tendent à mettre le milieu en équilibre avec le corps protoplasmique vivant ; cet équilibre se conçoit seulement lorsque le milieu peut être considéré comme un colloïde, ce qui est presque toujours le cas s'il contient des êtres en train de vivre.

Il est difficile de parler dans un langage très précis de ces influences physiques encore bien peu connnes, mais on en trouve un exemple frappant dans les boissons fermentées comme le vin ou la bière, boissons qui résultent de la vie prolongée d'une levure dans un milieu nutritif.

Si l'on étudie seulement ces liquides par les procédés ordinaires de l'analyse chimique, on y trouve un certain nombre de substances définies, mais cette étude est incomplète, précisément parce qu'elle néglige les phénomènes de l'ordre physique, les particularités de l'*état* de ces boissons colloïdes. Une analyse plus complète, mais moins facile à exprimer dans le langage, du moins avec précision, s'obtient au moyen des organes des sens des hommes exercés, des dégustateurs de profession.

Le *bouquet* des vins est dû à des petites traces de substances adorantes que le dégustateur habile reconnaît, mais qui sont également susceptibles d'être mises en évidence au moyen d'une analyse chimique assez poussée; en revanche, il est une autre qualité qui n'est pas justiciable de l'analyse des laboratoires, et qui est sensible aux buveurs exercés; c'est ce qu'on appelle la *bouche*, ce moëlleux particulier dont l'absence dans les boissons *mouillées*, dans le vin additionné d'eau, par exemple, est si désagréable aux vrais amateurs. Dans les essais de synthèse artificielle du vin, au moyen des éléments qu'y découvre l'analyse chimique, même lorsqu'on y mettait les proportions exactes du mélange qu'est le vin naturel, on n'arrivait jamais à réaliser un liquide ayant *de la bouche*. Pasteur attribua cet échec à une analyse incomplète; il découvrit en effet dans tous les vins naturels certains produits qui, comme l'acide succinique et la glycérine avaient jusque-là à peu près passé inaperçus; il pensa que l'addition de ces substances en proportions convenables rapprocherait les vins artificiels des produits naturels de la fermentation, mais le résultat ne fut pas encore jugé complet par les connaisseurs; les boissons fabriquées n'avaient jamais la *bouche* des boissons fermentées.

C'est que le vin et la bière sont des colloïdes qui ont longtemps servi de milieu à des levures vivantes et qui, par suite, se sont trouvés en *équilibre* avec ces levures, ont subi, de la part de ces levures, l'assimilation physique. Une boisson qui s'est trouvée en équilibre avec des levures utiles à l'homme, peut être ensuite en équilibre avec les cellules sensorielles de notre bouche[1], et c'est précisément une

---

1. On a découvert récemment aussi que la résistance électrique des vins mouillés permet de reconnaître le degré de leur mouillage;

des raisons pour lesquelles ces levures sont considérées comme utiles ; d'autres microbes sont au contraire dangereux pour nous, parce que l'assimilation physique imposée par eux à leur milieu fait de ce milieu une chose nuisible à l'homme, une *toxine*.

Ainsi, dans un milieu colloïde où a vécu un microbe ou une levure, il reste une trace physique de cette vie ; le microbe, la levure, a assimilé physiquement le milieu, mais c'est seulement au moyen d'un réactif biologique comme la sensibilité gustative de l'homme que l'on peut quelquefois mettre en évidence cette assimilation physique. Quelquefois aussi, l'état spécial imposé par l'être vivant à son milieu peut être mis en évidence par l'action de cet état spécial sur la stabilité d'autres colloïdes (coagulation du lait) ou même sur la stabilité de certains composés chimiques (interversion du sucre) ; on dit alors que le milieu ainsi modifié contient une *diastase* ; mais il paraît certain que l'analyse des milieux par ces actions diastasiques n'est jamais aussi complète que l'analyse biologique au moyen d'un réactif vivant.

On conçoit d'ailleurs combien doit être complexe l'étude du milieu dans lequel a vécu un être vivant, car la présence de l'être vivant y laisse des traces d'ordre divers : des traces d'ordre chimique, sous forme de substances excrémentielles, substances accessoires à l'assimilation et diffusées dans le milieu, d'une part ; et, d'autre part, des traces d'ordre physique, le résultat de l'assimilation physique du

---

ce que nous avons dit plus haut (p. 43) des phénomènes d'électrisation de contact dans les colloïdes fait comprendre la raison de ce phénomène.

milieu, de l'équilibre imposé au milieu colloïde par l'être vivant qui baigne à son intérieur. Les confusions les plus regrettables ont lieu entre les substances excrémentielles proprement dites et les *diastases* en lesquelles on décompose l'activité physique émanée de l'être vivant, transportée de l'être vivant au milieu[1]. Pour la levure de bière, par exemple, l'alcool est une substance excrémentielle proprement dite ; c'est une substance chimique qui, dans les conditions de la fermentation du moût de bière, se produit fatalement en même temps que s'accroît la quantité de levure ; la *sucrase*, au contraire, diastase inversive du sucre de canne, doit, quand elle apparaît[2], être considérée comme un résultat de l'assimilation physique du milieu par la levure, de l'envahissement du milieu par la vie physique de l'être qu'il contient.

Cette manière de voir rend moins mystérieux le fait si admirable que, en présence de certains aliments, l'être qui peut s'en servir sécrète précisément la diastase qui est nécessaire à la transformation de ces aliments en vue de leur consommation.

§ 16. — SPÉCIFICITÉ DES HABITUDES RÉSULTANT DES LUTTES

Voici, par exemple du sucre de canne que l'aspergillus ne peut consommer qu'à l'état de sucre interverti ; or, précisément, l'aspergillus laisse diffuser

---

1. On trouve un remarquable exemple de ces confusions dans l'histoire des tuberculines.
2. Je renvoie à la thèse de Fernbach le lecteur qui voudrait savoir dans quelles conditions et à quel moment la sucrase apparaît dans le milieu contenant du sucre; il y a là un phénomène d'*assimilation fonctionnelle* identique à celui que nous rencontrerons dans l'histoire des antitoxines.

dans un milieu contenant du sucre de canne, la *sucrase* qui a pour résultat l'interversion du saccharose ; ce fait serait vraiment admirable si l'on voyait dans la sucrase un composé chimique défini, et dans l'interversion du sucre un phénomène purement chimique; le même étonnement se retrouvera dans la production des antitoxines spécifiques aux toxines.

Mais le fait paraît bien plus compréhensible si l'on voit simplement, dans cette prétendue sécrétion de diastases, une lutte d'états physiques, une réalisation d'équilibre. Il ne faut pas se dire que l'aspergillus, *sachant* la nécessité de transformer le saccharose avant de le consommer, fabrique justement la substance nécessaire à cette transformation, mais bien que le saccharose est à un état physique différent de celui qui peut être en équilibre avec l'aspergillus. Une lutte s'engage donc entre les deux états et, puisque l'aspergillus continue de vivre, c'est qu'il est vainqueur et qu'il assimile physiquement le saccharose (assimilation physique qui se traduit par l'interversion) avant de l'assimiler chimiquement.

Ce que nous appelons les diastases, ce sont donc, en quelque sorte, les éléments dans lesquels nous sommes amenés à décomposer l'activité physique d'un être vivant, éléments transportables dans le milieu, et qui sont en rapport avec les nécessités de la conservation de la vie. En présence d'un état physique donné du milieu, on voit précisément se manifester dans le milieu, s'il existe, l'élément de l'activité physique de l'être qui est capable de réaliser l'équilibre dans les conditions considérées ; le fait est général dans la nature ; lorsqu'à un déséquilibre succède un équilibre, c'est qu'il s'est passé précisément ce qu'il fallait pour que l'équilibre fût réalisé.

Quand on met un corps chaud dans de l'eau froide, il se fait des échanges de chaleur qui conduisent à l'équilibre thermique. La seule chose qui soit particulière au cas de l'être vivant, c'est que, précisément, il reste vivant, lorsqu'il ne meurt pas ; il ne peut vivre que dans certaines conditions ; si donc, en présence d'un changement de milieu, il continue à vivre, c'est que son action a modifié le milieu de manière à y réaliser les conditions nécessaires. On ne peut jamais affirmer *a priori* que, plongé dans un milieu inconnu, un être y vivra, mais on est sûr que, s'il continue de vivre, c'est qu'il a assimilé physiquement le milieu ; *il s'y est habitué*[1], c'est-à-dire que les éléments convenables de son activité sont entrés en jeu dans le cas considéré. L'être ne fait que ce qu'il peut ; dans beaucoup de cas, il meurt ; quand il continue de vivre, c'est qu'il pouvait lutter avantageusement contre le milieu ; si on constate qu'il n'est pas mort, qu'il a prospéré, on peut donc affirmer que le milieu a subi les modifications qu'il fallait pour cela ; on l'affirme après coup, et voilà tout. Le langage devient encore plus frappant si, comme nous l'avons fait tout à l'heure, on considère la *vie* de l'être comme n'étant pas localisée dans son corps, mais comme occupant tout le milieu où il vit. On dit alors que la vie du microbe ou de la levure, considérée dans le milieu, a continué, et que, par conséquent, les substances du milieu sont entrées dans cette vie en

---

[1]. Et, en s'habituant, il a développé par assimilation fonctionnelle *l'organe* producteur de diastase spécifique comme nous l'avons déjà vu à la fin de l'introduction et comme nous le verrons encore plus tard.

épousant ses conditions d'équilibre. L'assimilation physique envahit tout le milieu ; l'assimilation chimique est localisée dans le corps vivant. Un corps qui continue de vivre est un centre inépuisable d'assimilation physique, ce que l'on exprime en disant qu'il sécrète dans le milieu, précisément la diastase nécessaire au cas considéré, la diastase spécifique.

On ne sait pas ce que c'est qu'une diastase ; on la connaît seulement par son effet qui est d'assimiler physiquement le milieu ; ce qui fait qu'on en parle ordinairement comme une substance chimique définie, c'est qu'elle est transportable avec le milieu et surtout qu'elle est susceptible de précipitation, de concentration.

Les diastases « se fixent comme une teinture sur les particules en suspension dans les liquides diastasifères et sont entraînées par les précipités qu'on produit au sein des liquides, surtout lorsque ces précipités sont finement divisés ». Ceux qui croient aux diastases composés chimiques définis constatent avec désespoir « l'impossibilité de préparer ces corps à l'état de pureté ». On en pourrait dire autant de l'électricité ou de la chaleur que l'on ne peut non plus isoler de leur substratum ; l'activité diastasique répandue dans un colloïde peut être entraînée avec des précipités, comme l'électricité se localise à la surface des corps conducteurs, mais peut ensuite se répandre de nouveau dans un colloïde comme un conducteur électrisé se décharge dans une atmosphère contenant des particules électrisables. Il n'y a là qu'une comparaison, probablement très lointaine, mais qui suffit à permettre de parler *d'activité dias-*

tasique transportable au lieu de croire aux diastases corps définis[1].

La diastase préparée par un être vivant et transportée dans un milieu mort diffère du corps vivant centre inépuisable d'activités diastasiques, comme le conducteur chargé électriquement une fois pour toutes diffère de la pile capable d'entretenir indéfiniment des courants électriques ; l'activité diastasique est une partie transportable de l'activité vitale, mais elle ne renouvelle pas sa provision d'activité et a, par conséquent, un effet limité, tandis que l'activité de l'être qui continue de vivre se renouvelle indéfiniment.

C'est là qu'est la grande différence entre l'histoire de la lutte des êtres vivants et celle de la lutte des diastases ; nous nous arrêtons actuellement à la lutte directe de deux êtres vivants ; elle se ramène évidemment à la lutte de chacun d'eux avec des diastases émanées de l'autre, mais avec cette condition que, tant que les deux adversaires vivent, les diastases actives émanant de chacun d'eux sont sans cesse renouvelées dans le combat, comme les forces d'Antée quand il touchait la Terre.

---

1. On a constaté depuis peu des actions vraiment diastasiques et dont l'agent était un corps non organique ; cela a été la première atteinte expérimentale solide à la théorie des diastases considérées comme corps chimiques définis. G. Bertrand a, par exemple, montré que la *laccase*, diastase oxydante du suc laiteux de l'arbre à laque, reste active après la destruction de son support organique. Ce serait le manganèse contenu dans la laccase, qui transporterait avec lui l'activité diastasique proprement dite ; le support organique de l'oxyde minéral aurait pour seule action de rendre plus stable son activité colloïdale. V. G. Bertrand. *Rev. gén. des sciences*, 30 mai 1905. V. aussi J. Perrin. « *Mécanisme de l'électrisation de contact et solutions colloïdes* ». *Journal de chimie, physique*, janvier 1905.

§ 17. SYMÉTRIE DE LA NARRATION GLOBALE DE LA LUTTE

Toutes les considérations précédentes étaient nécessaires à l'étude de la lutte de deux corps vivants dont l'un se trouve introduit dans l'autre. Elles conduisent d'ailleurs immédiatement à cette opinion que, la lutte résultant en réalité des diastases émanées des corps, on peut raconter de la même manière l'ensemble des phénomènes qu'elle comprend, soit que l'ennemi le plus petit soit introduit dans un être unicellulaire plus grand et au sein de son protoplasma, soit qu'il ait pénétré dans le milieu intérieur d'un être pluricellulaire comme l'homme ou un vertébré ; seuls quelques faits de détail diffèrent.

Le milieu intérieur d'un vertébré est un colloïde qui remplit tous les interstices laissés libres par les cellules vivantes ; ce colloïde est, en partie du moins, sans cesse brassé par la circulation, et se maintient sans cesse en équilibre avec tous les corps cellulaires, ce qui exige, de la part de ces corps cellulaires de l'individu, une unité d'état physique résultant de la communauté du milieu intérieur qui les baigne et les nourrit.

Si donc un corps vivant étranger est introduit dans ce milieu intérieur, il agit par ses diastases sur le milieu, et, secondairement, sur les éléments histologiques baignés par le milieu ; laissant d'abord de côté les questions de détail, nous parlerons donc d'abord des résultats de l'introduction d'un microbe A dans un être B, sans nous préoccuper de savoir si B est unicellulaire ou pluricellulaire. Nous retrouverons presque complètement ici ce que nous avons été amenés à dire en racontant l'histoire d'une vacuole.

Trois cas pourront se présenter : ou bien B l'emportera et assimilera A ; ou bien A l'emportera et assimilera B; ou bien A et B s'habitueront l'un à l'autre et vivront en bonne intelligence. Si A et B n'ont, à notre connaissance, jamais été mis en présence l'un de l'autre, il nous sera impossible de prévoir le résultat de la bataille; nous devrons attendre l'issue du combat; dans l'un quelconque des deux premiers cas, la période de lutte s'appellera *maladie aiguë*; dans le troisième cas, il y aura maladie chronique ou symbiose; nous renvoyons à un chapitre ultérieur l'étude de ce troisième cas.

§ 18. — MALADIE AIGUË

Dans une maladie aiguë, l'un des deux adversaires disparaît forcément à la fin de la lutte. Appelons l'un deux hôte et l'autre parasite; la maladie se terminera par la mort de l'hôte ou par la mort du parasite. Et cependant, l'on ne pourra pas dire, en général, que l'un des combattants a *entièrement* triomphé de l'autre. Le triomphe parfait aurait consisté à assimiler son adversaire sans subir soi-même aucune modification. Or, si c'est le parasite qui l'emporte, il sort de la lutte avec une modification que l'on appelle augmentation de virulence; si c'est l'hôte qui l'emporte, il guérit avec une modification que l'on appelle *immunité*.

L'augmentation de virulence et l'immunité sont, l'une et l'autre, avantageuses pour celui des êtres qui en est atteint, c'est-à-dire que, ayant triomphé de A, l'animal B sortira de la lutte *plus apte* à lutter de nouveau contre un microbe de même espèce, et que, réciproquement, le microbe A ayant vaincu B sortira de la lutte *plus apte* à vaincre un autre animal B. Cependant, pour être avantageuses, ces modifications n'en sont pas moins des modifications; elles sont avantageuses au point de la continuation possible de l'existence individuelle, mais au point de vue de l'intégrité des caractères personnels, elles sont la rançon de la victoire.

Et c'est là un phénomène biologique absolument général; même quand il ne s'agit pas de la lutte d'un être vivant contre un autre être vivant, mais seulement de la lutte d'un être contre des *conditions* nouvelles d'existence; quand un animal continue à vivre dans une ambiance modifiée, il subit, par là même, une transformation que l'on exprime en disant qu'il s'est *habitué* aux circonstances; vivre, c'est s'habituer! Et par conséquent, la victoire de l'être vivant n'est jamais parfaite; il *évolue* sous l'influence des variations extérieures, et le mot *assimilation* n'est rigoureusement applicable que dans les cas où les circonstances ambiantes restent longtemps les mêmes.

Dans le cas d'une maladie aiguë, la présence de l'ennemi microbien dans l'hôte est une des circonstances importantes de la vie; si les autres circonstances ne se sont pas modifiées en même temps, on peut attribuer à la seule présence du microbe les variations résultant de la maladie après guérison et, de fait, ces variations sont *spécifiques* par rapport au microbe considéré, c'est-à-dire que l'animal guéri est plus apte à résister à une attaque d'un microbe *de la même espèce* et non d'une autre.

Réciproquement, la variation du microbe vainqueur est *spécifique* par rapport à l'espèce de l'animal vaincu, c'est-à-dire que le microbe est devenu plus virulent par rapport à cette espèce animale et non pour une autre.

Cette spécificité de la variation de virulence a pu passer inaperçue pour certaines maladies, le charbon par exemple, dans lesquelles une augmentation de virulence par rapport à l'un des mammifères employés dans les laboratoires (souris, cochons d'Inde) se trouvait être également augmentation de virulence par rapport au lapin ou au mouton; mais cela prouve seulement que, au point de vue de la bactéridie charbonneuse, les conditions qui déterminent la victoire dans la lutte contre un de ces mammifères sont à peu près les mêmes pour les autres ; de même l'immunité acquise contre un microbe A a pu se trouver valable contre un autre microbe A', pour des raisons analogues.

En revanche, dans d'autres cas, il n'en a pas été de même, et la spécificité de la virulence ou de l'immunité a été manifeste; par exemple, chez le rouget du porc, l'augmentation de virulence pour le lapin s'accompagne d'une diminution de virulence pour le cochon.

C'est précisément cette spécificité des transformations résultant de la victoire, soit pour l'hôte, soit pour le microbe, qui s'explique aisément dans le langage de l'assimilation physique et paraît au contraire invraisemblable dans le langage de la digestion. Celui des deux adversaires qui l'emporte a imposé à l'autre son état physique, l'a assimilé physiquement, et c'est précisément de cette assimilation physique incompatible avec la vie de l'espèce attaquée, que résulte la mort du vaincu.

Le protoplasma du vaincu avait besoin, pour vivre, de se trouver dans un certain état ; le vainqueur lui en impose un autre et il meurt ; c'est ensuite seulement que l'assimilation a lieu ; l'ennemi doit être tué avant d'être incorporé.

Et l'on comprend aisément que la lutte donne un résultat spécifique par rapport à l'ennemi ; dans la rupture d'équilibre qui constitue la maladie, ce n'est pas *tout l'état physique* de l'être attaqué qui est menacé, mais précisément la partie de cet état physique qui est antagoniste d'une partie correspondante de l'état physique de l'adversaire. Nous ne saurions pas parler de ces parties d'un état physique dont nous ignorons la nature, si la lutte de l'être vivant contre les divers agents de destruction ne décomposait en diastases transportables, spécifiques à chaque cas, l'ensemble non analysable autrement de l'activité physique individuelle. C'est la lutte actuelle, dans les conditions actuelles, qui introduit dans le milieu cette activité physique que nous appelons diastase et qui, l'animal restant vivant, lutte précisément contre ce qui, dans le milieu, menaçait la vie de l'animal. La lutte développe donc, dans l'animal restant vivant, le quelque chose d'inconnu, l'organe, qui correspond à la production de cette diastase dans l'ambiance ; c'est encore la variation quantitative à laquelle j'ai été conduit ailleurs[1], par des méthodes toutes différentes ; c'est l'*assimilation fonctionnelle* [2] développant, au cours d'une lutte, précisément les parties de l'individu qui fonctionnent dans cette lutte.

1. V. *Traité de Biologie*, op. cit.
2. V. *Théorie nouvelle de la vie*, op. cit. — V. aussi l'introduction de ce livre, p. 22.

C'est enfin, à un point de vue plus général encore, et en considérant comme un système en équilibre tout corps qui reste vivant dans des conditions données, la loi de Gibbs et de Le Châtelier : « La modification produite dans un système de corps à l'état d'équilibre par la variation de l'un des facteurs de l'équilibre est de nature telle qu'elle tende à s'opposer à la variation qui la détermine ».

§ 19. — ANALYSE DE LA LUTTE, COTÉ MICROBE

Nous avons, dans les lignes précédentes, étudié la lutte en bloc du parasite introduit et de l'hôte envahi, en considérant chacun d'eux comme une unité de combat; nous pouvons essayer d'analyser cette lutte, soit, du côté du parasite, en nous occupant des diverses activités, séparables dans le langage, qui interviennent dans le combat, soit, du côté de l'hôte pluricellulaire, en nous arrêtant successivement aux divers éléments actifs, éléments histologiques, milieu intérieur, etc. J'ai fait cette analyse en détail dans un livre récent[1] ; je me contenterai d'en indiquer ici les grandes lignes.

D'abord, le parasite introduit dans l'hôte agit sur celui-ci par sa présence, ses diastases et ses substances excrémentitielles ; il y a là trois actions d'ordre différent, mais qu'il est difficile de séparer expérimentalement, quoi qu'on en ait pensé dans les laboratoires. On a cru, par exemple, que l'on étudiait directement l'action des diastases ou toxines des microbes dans la lutte contre l'hôte, en injectant à cet hôte des cultures filtrées du microbe considéré.

1. *Introduction à la Pathologie générale*. Paris, Alcan, 1906.

Or, premièrement, la culture filtrée contient à la fois les diastases et les substances excrémentitielles, ce qui fait qu'on ne sait quelle part attribuer à ces deux facteurs dans la lutte observée ; cependant, cette objection n'est pas absolument valable, en ce sens que les expérimentateurs ne font pas en général cette différence entre les substances excrémentitielles ou produits chimiques accessoires à l'assimilation et les diastases ou activités partielles transportables de l'être vivant ; ils confondent en général sous le nom de *toxines* tout ce qui sort du microbe dans l'ambiance, et par conséquent ils opèrent réellement sur les toxines en injectant les cultures filtrées des microbes.

Mais ils n'ont pas pour cela séparé, dans la lutte du microbe contre l'hôte, l'action de la toxine et celle du corps protoplasmique vivant ; nous avons vu, en effet, que les diastases sécrétées par les microbes sont *spécifiques* par rapport aux agents contre lesquels elles luttent. Il n'y a aucune raison pour que la toxine sécrétée dans un bouillon par un microbe qui assimile physiquement les colloïdes de ce bouillon soit comparable aux activités qui émanent du microbe luttant contre l'ambiance vivante dans un hôte vivant donné. Et, en effet, on a été fort étonné de constater que les résultats de la bataille étaient tout à fait différents ! Un animal qui est vacciné contre un microbe vivant, à la suite d'une lutte dans laquelle il a triomphé, n'est pas vacciné contre ce qu'on appelle la toxine de ce microbe, c'est-à-dire contre la culture filtrée de ce microbe en bouillon. Et réciproquement, un animal peut être vacciné contre la toxine comme nous le verrons plus tard et n'être pas réfractaire au microbe.

On a pu, en revanche, dans certains cas, obtenir une vaccination contre le microbe vivant, en injectant à l'animal des cadavres de microbes de même espèce. Les cadavres des microbes n'étant pas des êtres vivants, l'étude de leur lutte contre un animal n'entre pas dans le cadre de ce chapitre et sera étudié ultérieurement, mais on conçoit déjà, à cause de ces résultats contrôlés par des expérimentateurs nombreux, que les microbes se comportent différemment dans le bouillon et dans un animal vivant.

L'être inoculé à un autre être agit donc par ses diastases et ses substances excrémentitielles ; il agit aussi par sa présence, c'est-à-dire par un ensemble de propriétés qu'il transporte avec lui et qui ne peuvent être séparées de lui. Ces propriétés sont inhérentes à son corps protoplasmique ; nous savons d'ailleurs que, si la vie d'un être cellulaire doit être considérée comme occupant en réalité tout l'espace liquide de l'infusion où il se trouve, l'assimilation proprement dite ou chimique est localisée dans le corps protoplasmique où se passent des phénomènes non transportables dans un milieu mort.

Si cependant ces phénomènes peuvent retentir sur l'ambiance, ce ne peut donc être que par une sorte d'irradiation comparable à la lumière qui émane de la flamme d'une bougie, lumière transportable avec la bougie, mais non avec l'air éclairé par elle. Ces actions directes de la cellule vivante sur le milieu sont peut-être ce qui explique la différence entre l'action de la diastase extraite des amibes par Mouton[1] et celle des amibes elles-mêmes. Une bactérie

1. V. plus haut, § 9.

introduite vivante dans une vacuole d'amibe y était *tuée* et assimilée, tandis que la diastase extraite du corps vivant ne pouvait pas la tuer et ne l'assimilait que morte; c'est donc qu'une partie au moins de l'activité de l'amibe vivante n'est pas transportable dans les milieux morts. C'est cette partie non transportable de l'activité des êtres vivants qui réalise la lutte vraiment *directe* entre l'hôte et le parasite; le parasite entretient autour de lui, par sa présence vivante, une zone d'activité rayonnante qui agit sur les tissus de l'hôte; l'hôte exerce de même une activité rayonnante sur l'espace occupé par le microbe.

C'est là l'élément véritablement *vivant* de la lutte, et cet élément, il faut l'avouer, nous ne pouvons guère le connaître aujourd'hui que par l'insuffisance des éléments transportables; tout ce qui, dans le phénomène de maladie aiguë, ne s'explique pas par les diastases, les substances excrémentitielles ou la lutte alimentaire, doit être rapporté aux actions vitales proprement dites; nous devons donc, ne connaissant ces actions vitales que par élimination des activités analysables, nous montrer très circonspects à leur égard; leur domaine s'amoindrira de toutes les découvertes qui se feront à l'avenir au sujet d'activités transportables nouvelles.

Il y a cependant un point sur lequel il est déjà possible de jeter une certaine lumière en se servant des déductions précédentes; en effet, parmi ces activités non transportables[1], localisées dans le protoplasma vivant, il en est quelques-unes au moins qui

---

1. Nous verrons plus loin que Behring a pu néanmoins, par un procédé expérimental nouveau, les transporter dans des milieux morts.

ont pour résultat de donner au corps cellulaire sa forme et sa structure. On a, le plus souvent, une tendance fâcheuse à considérer la cellule comme une chose inerte dont la structure et la forme sont des caractères statiques, rigides ; on ne pense pas assez que cette structure et cette forme, produit de la vie même de la cellule qui les construit en s'accroissant, sont les résultats et les témoins d'une activité incessante, qui dure autant que durent la structure et la forme même de l'être vivant, et qui impose la structure du protoplasma *spécifique* considéré à l'espace rempli par le contour morphologique qu'elle détermine.

Si donc une activité étrangère arrive à annihiler cette structure et cette forme (lorsque l'hôte *digère* le parasite vaincu), il faut que l'activité étrangère considérée soit spécifique par rapport aux agents qui les déterminent ; que, en d'autres termes, la diastase fournie par le corps vivant de l'hôte soit spécifique par rapport à ce que nous pouvons appeler la *diastase morphogène* ou formative du microbe considéré.

C'est bien en effet ce que prouve l'expérience, et ce que nous rencontrerons à chaque pas dans l'histoire de la lutte d'un être vivant contre un corps de la 2ᵉ catégorie.

Mais ce que nous n'aurions pas pu prévoir aisément, et que l'expérience nous apprendra en outre, c'est que cette diastase morphogène est *capitale* dans l'histoire du microbe vivant ; elle est la condition indispensable de la vie même du microbe et, le plus souvent, un animal, qui a été habitué à digérer, à assimiler physiquement, dans son milieu intérieur, des cadavres frais de microbes, est par là même vacciné contre les microbes vivants de la même espèce. On comprend également ce phénomène en se disant que, tant qu'il n'a pas subi de trop grandes détériorations, le cadavre du microbe est encore le milieu mort qui ressemble le plus au microbe lui-même et qui est le plus apte à transporter avec lui les activités partielles de ce microbe vivant; on pourrait même dire que, tué dans certaines conditions qu'il s'agira de déterminer expérimentalement, le cadavre contient toutes les capacités d'assimilation physique du vivant ; il ne lui manque que l'assimilation chimique ou proprement dite, caractéristique de la vie.

Ces quelques remarques faites sur la possibilité d'analyser le côté microbe dans la lutte qu'on appelle maladie aiguë, passons maintenant au côté hôte, et disons quelques mots des éléments actifs qu'il est possible de séparer les uns des autres dans l'animal malade.

§ 20. — ANALYSE DE LA LUTTE, COTÉ HOTE

Dans un animal élevé en organisation, comme l'homme ou un vertébré quelconque, l'observation grossière suffit à déceler l'existence de parties distinctes que l'on appelle les muscles, les viscères, etc. Le microscope nous apprend ensuite que ces parties distinctes anatomiquement sont composées d'éléments cellulaires, ayant des caractères très précis et appelés éléments histologiques. L'étude de ces éléments histologiques a permis de donner une interprétation séduisante de beaucoup d'activités d'ensemble de l'organisme et, comme l'éducation de l'homme se fait surtout par les yeux, on a naturellement cherché, dans la résistance de l'animal à la maladie causée par un microbe, des phénomènes susceptibles d'être étudiés optiquement, des phénomènes histologiques. On voit aisément le danger d'une telle recherche qui peut amener à attribuer une importance exagérée à des particularités secondaires, uniquement parce qu'elles se voient, et à négliger des activités importantes qui ne se traduisent pas morphologiquement.

Mais M. Metchnikoff a trouvé, dans cette voie, une série de faits si séduisants que, tout en reconnaissant les dangers de la méthode optique d'étude, on ne saurait trop se louer d'avoir vu appliquer cette méthode par un aussi puissant observateur.

Un autre inconvénient philosophique de l'analyse figurée de la lutte qui se poursuit dans un animal malade, c'est que l'on est amené à douer d'individualité des éléments histologiques qui ne sont que des parties d'un ensemble ; on est exposé à oublier que l'existence même de ces éléments, que leurs propriétés actuelles sont des conséquences de l'état général de l'individu qu'ils défendent contre l'envahisseur ; mais malgré tous ces inconvénients, l'histoire de la *phagocytose* illustre admirablement la question de la lutte des animaux contre les microbes.

On donne le nom de *phagocyte* à de petits éléments épars dans l'organisme des animaux pluricellulaires et ressemblant à des amibes. Ces éléments n'ont aucune position stable ; ils se déforment et se déplacent au milieu des autres cellules du corps, au gré des attractions et des répulsions qui résultent pour eux des conditions ambiantes.

Lorsqu'un microbe vivant est introduit dans un

homme, sa présence modifie, comme nous l'avons vu, tant par son action directe que par ses diastases et ses substances excrémentitielles, l'état des colloïdes, tant vivants que morts, qui existent dans son voisinage ; il est donc tout naturel que les phagocytes répartis au milieu de ces colloïdes, soient influencés eux-mêmes par l'introduction de ce microbe dans leur ambiance. En effet, suivant les cas, ces phagocytes sont attirés ou repoussés par les microbes inoculés ; quand ils sont repoussés, on ne peut dire qu'ils livrent bataille, et nous ne nous occuperons pas de ce cas à propos de la lutte universelle ; quand ils sont attirés, le cas est plus intéressant pour nous. Leur substance molle et déformable arrive à englober complètement les microbes et l'on conçoit aisément les conséquences importantes que présente ce phénomène dans l'histoire de la maladie aiguë considérée.

En effet, à partir du moment où le microbe est englobé par le phagocyte, il est séparé du reste de l'animal par une muraille de protoplasma vivant appartenant à l'espèce de l'animal lui-même. L'influence du microbe sur son hôte ne se manifeste donc plus qu'à travers le phagocyte et, tant que le phagocyte est vivant, on peut même dire que c'est le phagocyte seul qui rayonne autour de lui-même son influence physique et chimique personnelle. En d'autres termes, la lutte engagée entre l'hôte et le microbe se trouve localisée entre le phagocyte et l'envahisseur ; le reste de l'animal peut être considéré comme n'étant plus intéressé à la lutte.

Il l'est cependant comme nous allons le voir, mais indirectement, par l'intermédiaire du protoplasma du phagocyte. Si, dans l'hypothèse où nous nous sommes placés, le phagocyte continue de vivre, il n'en est pas moins modifié dans ses conditions de vie par la présence du microbe à son intérieur; son influence rayonnante en est elle-même modifiée; le rôle que joue le phagocyte considéré dans l'équilibre général de l'organisme n'est plus celui d'un phagocyte ordinaire de l'espèce, mais d'un phagocyte parasité, d'un phagocyte malade; et nous savons que l'effort fourni par le phagocyte dans la lutte est *spécifique* par rapport au microbe avec lequel il lutte. Ainsi donc, même protégé par un phagocyte vainqueur contre le microbe introduit, l'organisme animal n'en subit pas moins une influence *spécifique* par rapport au microbe considéré; le phagocyte ne peut être considéré comme un soldat isolé; il se maintient sans cesse en équilibre avec le milieu intérieur de l'animal auquel il appartient et n'obtient ce résultat qu'en modifiant ce milieu intérieur, au moins dans son voisinage, par des émissions de diastases en particulier.

Par conséquent, tout en admettant que les phagocytes digèrent et assimilent sans mourir les microbes qu'ils ont englobés, on conçoit néanmoins un retentissement spécifique de la lutte sur l'organisme; l'organisme ayant vaincu le microbe par l'intermédiaire de ses phagocytes en conservera une modification spécifique par rapport au microbe; c'est cette modification, considérée dans son ensemble, que l'on appelle l'*immunité acquise;* on comprend que, par le fait des diastases émanées des phagocytes, une partie au moins de cette immunité soit transportable dans le sérum de l'animal guéri; c'est le principe de la sérothérapie dont nous dirons quelques mots au prochain chapitre.

Mais ordinairement, le phénomène est encore plus complet; même dans les cas où, finalement, les microbes sont englobés, tués et digérés par les phagocytes, il y a d'abord une période de lutte dans laquelle les phagocytes sont tués sous l'influence de l'introduction brusque des microbes dans leurs conditions d'équilibre; si l'on parle de phagocytes comme des soldats isolés, on dira que les premières troupes, surprises par l'ennemi, sont vaincues, et que, seulement ensuite, des troupes suffisamment préparées, s'habituant peu à peu à l'influence néfaste du microbe, arrivent sur le champ de bataille avec des éléments de lutte appropriés aux circonstances; on doit même considérer alors la mort des premières troupes engagées comme étant utile aux troupes nouvelles, car la mort et la destruction de ces corps protoplasmiques succombant à une lutte spécifique contre des microbes donnés, répand, dans le milieu intérieur de l'hôte, des produits utiles pour la lutte; ces produits des cadavres de troupes de la première heure seront des auxiliaires pour les troupes nouvelles et leur assureront la victoire.

Ce phénomène de *phagolyse*, ou de destruction des premiers phagocytes engagés dans la lutte, introduit donc encore, dans le milieu intérieur de l'hôte, des éléments *transportables* de résistance aux microbes envahisseurs.

J'ai étudié longuement ailleurs[1] l'histoire de la phagocytose et je me contente de signaler ici, sans plus de détail, cette illustration remarquable d'un chapitre morphologique de la lutte universelle. Chose

---

1. *Introduction à la Pathologie générale*, op. cit.

très curieuse, on a pu séparer expérimentalement la partie vraiment spécifique de l'effet transportable dans le sérum, et l'on, a appelé *fixateur* cette diastase résultant d'une réaction précise contre le microbe; une autre partie de l'effet transportable, celle qui résulte de la mort des phagocytes, de la phagolyse, n'est plus spécifique au même degré par rapport à l'envahisseur; elle provient bien d'une lutte contre ce microbe, mais d'une lutte suivie de mort et non d'une lutte victorieuse comme celle des phagocytes de la seconde armée; et le phénomène de mort, résultant d'une non adaptation, n'est pas spécifique comme le phénomène de victoire, d'habitude, d'adaptation.

La production des diastases spécifiques dans les luttes reste, au premier chef, un attribut des êtres vivants *qui continuent de vivre ;* vivre c'est s'habituer.

Malgré l'intervention des phagocytes dans la plupart des phénomènes de lutte contre un microbe envahisseur, il serait peut-être exagéré d'attribuer à ces éléments migrateurs une influence exclusive dans l'histoire des maladies aiguës; les autres éléments histologiques de l'organisme jouent peut-être aussi un rôle important, mais, comme ce rôle ne se traduit pas par des manifestations morphologiques susceptibles d'être étudiées au microscope, il a pu passer inaperçu, même dans des cas où il était considérable; de grandes discussions sont engagées depuis des années à ce sujet; quoiqu'il en soit, la phagocytose fournit le plus saisissant exemple de *corps à corps* dans l'hitoire des êtres vivants.

§ 21. — LUTTE DIRECTE ET TÉLÉPATHIE

A propos de la lutte directe d'un corps vivant contre un corps vivant, on ne saurait passer sous silence les phénomènes, mal connus encore, et que l'on a l'habitude d'appeler phénomènes de télépathie ou d'action à distance. Comme dans la plupart des cas analogues, le mysticisme si répandu dans l'espèce humaine a fait mêler à certains faits peut-être susceptibles d'une étude scientifique, d'autres faits purement imaginaires, produits de cerveaux malades ou de mystificateurs habiles. Et il en est résulté que beaucoup d'hommes de science, dégoûtés de l'erreur qui se mêlait à la vérité, ont nié le tout en bloc, sans distinguer le vrai du faux.

Nous avons été amenés à considérer précédemment que la vie d'un être vivant n'est pas localisée dans le corps de cet être, mais occupe en réalité tout l'espace disponible, en tant qu'on considère la vie comme un phénomène complet, comme l'ensemble des phénomènes qui se tiennent. Et l'on peut même se demander ce qu'on appelle, dans l'espèce, tout l'espace *disponible*.

S'il s'agit d'êtres unicellulaires vivant en même temps au sein d'une infusion, dans un bocal de verre par exemple, il n'est pas douteux que, dans toute l'étendue du liquide de l'infusion, des relations d'être à être sont probables; ces influences sont d'ordre chimique (substances excrémentitielles qui diffusent), d'ordre diastasique (assimilation physique du milieu par l'être vivant), et peut-être aussi d'ordre physique direct; le corps d'un être vivant est un centre d'où rayonnent dans l'ambiance des influences variées, d'autant plus importantes que l'on se rapproche d'avantage de ce corps. Les influences chimiques et diastasiques sont vraisemblablement limitées au liquide de l'infusion, sauf cependant, l'émanation de gaz résultant des fermentations vitales et capables d'influencer d'autres êtres placés en dehors de ce liquide; mais s'il y a des influences d'ordre physique direct, de l'ordre des mouvements vibratoires, par exemple, il n'y a aucune raison pour qu'elles ne se propagent pas en dehors du liquide aussi bien que dans son sein; seulement, comme toutes les influences rayonnant autour d'un centre, elles diminuent très vite d'intensité, suivant le carré de la distance exactement; et, par conséquent, si ces influences sont faibles à l'origine, elles deviendront très vite insensibles, même au meilleur réactif, et cette remarque enlève à peu près toute vraisemblance aux histoires de télépathie, dans lesquelles on raconte l'influence directe d'un malheur arrivé en Chine à un Français, sur un de ses parents habitant Paris.

Pour les animaux qui vivent dans l'air comme les hommes, les seules actions à distance que l'on puisse invoquer sont, en dehors des actions chimiques (émananations de particules odorantes), les actions physiques directes, car nous ne concevons pas aisément les actions dites diastasiques dans un milieu d'une consistance aussi variable que celle des gaz (encore ne faudrait-il pas trop insister sur une telle affirmation, car les brouillards, par exemple, sont à beaucoup d'égards comparables à des colloïdes liquides). Nous avons des surfaces, dites sensorielles, sensibles à de nombreuses actions physiques (lumière, chaleur, son) et nous sommes, par conséquent, soumis à des influences vraiment lointaines. Nous sommes tellement habitués à ces actions à distance que nous ne nous en étonnons plus, et cependant nous sommes tout disposés à nier des actions analogues, parce qu'elles nous sont moins familières.

Dans la transmission de la voix, par exemple, nous ne trouvons rien d'extraordinaire, et cependant, qu'elle précision admirable ! Tous les hommes présents dans une même salle de dimensions modérées entendent en même temps *les mêmes paroles*, émanées de l'un d'eux; c'est donc que, en chaque point de la salle, il arrive une succession très compliquée de mouvements vibratoires, qui reproduit *exactement* la série de mouvements vibratoires exécutés par l'orateur; nous aurons à nous occuper plus tard de cette transmission précise, de cette *hérédité physique* qui se manifeste dans les phénomènes physiques et dont la vibration sonore est l'exemple le plus grossier ; la vibration lumineuse transmet à nos sens des particularités d'une précision bien plus étonnante, et la photographie des couleurs ne le cède en précision à aucun transport d'activité colloïde dans un sérum.

Nous avons, il est vrai, des organes admirables, nos oreilles et nos yeux, grâce auxquels nous pouvons nous rendre compte de l'existence, en chaque point du milieu, de ces mouvements vibratoires si précis ; je n'insiste pas ici sur la formation de ces instruments merveilleux; je me suis occupé ailleurs[1] du fait général que les animaux vivant actuellement ont précisément les *outils* qui leur sont nécessaires

---

1. V. *Les Influences ancestrales*.

pour vivre dans les conditions où il sont placés. Le fait sur lequel je veux attirer l'attention, c'est que, puisque nos yeux peuvent voir la forme des corps éloignés, puisque nos oreilles peuvent entendre les voix lointaines, il existe, à l'endroit où sont situés nos yeux ou nos oreilles, *quelque chose* qui, analysé par nos sens, nous fait connaître cette forme ou ces voix ; et ce *quelque chose* y existe aussi bien en dehors de la présence de nos yeux ou de nos oreilles ; nous le démontrons d'ailleurs aisément par des appareils que nous avons imaginés à cet effet, et qu'on appelle le phonographe ou l'appareil photographique.

On peut donc dire, dans un langage synthétique, que la forme ou la voix est représentée en un point quelconque du milieu qui entoure un objet, avec une intensité qui diminue proportionnellement au carré de la distance. Il est vrai que la lumière, par exemple, n'est pas produite, mais seulement réfléchie par la plupart des objets visibles ; mais elle prend, au contact de ces objets une telle empreinte de tous leurs caractères morphologiques qu'on peut la considérer sans exagération comme une propriété personnelle émanée des corps ; de plus en plus d'ailleurs, les corps sont considérés comme des transformateurs et non comme des producteurs, et, par conséquent, tant au point de vue lumineux qu'au point de vue acoustique, on peut dire que le corps étudié remplit de son image tout l'espace ambiant ; là encore, même pour un corps non vivant, on constate que, parlant rigoureusement, l'existence d'un corps n'est pas limitée à l'espace qu'il occupe effectivement.

Or, qu'est-ce que le point de vue lumineux et le point de vue acoustique, sinon des résultats d'analyses partielles des choses, analyses partielles dont le choix nous est dicté par la nature de nos organes des sens? Il y a encore le point de vue olfactif, le point de vue gustatif, et même, pour parler correctement, on devrait dire le « point d'ouïe », le « point d'odorat », le « point de goût » comme on dit le « point de vue ». En un endroit quelconque de l'espace, nous analysons, avec les moyens qui sont à notre disposition, ce qui y arrive d'un corps donné. Cette analyse est suffisante pour nos besoins d'homme, mais en résulte-t-il pour cela qu'elle soit complète? Nous savons pertinemment qu'il n'en est rien, puisque nous avons découvert des appareils permettant de déceler des phénomènes magnétiques, par exemple, dans des endroits où nos organes des sens ne nous indiquaient absolument aucune activité d'aucune sorte. Nous ne connaissons donc, par le moyen de nos organes des sens, que certains éléments de l'activité locale, et si, nous trouvant à une certaine distance d'un objet, nous étudions cet objet, nous ne pouvons nous placer qu'au point de vue, au point d'ouïe, au point de goût ou au point d'odorat, c'est-à-dire que notre analyse est sûrement incomplète.

Nous aurons à revenir sur ces questions quand nous parlerons des corps bruts ; supposons pour le moment que l'objet étudié par nous à ces quatre « points de sens », soit un corps vivant; nous ne connaissons que sa forme, sa sonorité, son odeur (et peut-être son goût[1]). Devons-nous penser, en conséquence, que ce qui émane de l'objet considéré et arrive jusqu'à nous, se réduise à ces éléments appré-

---

1. Je ne veux pas discuter la question de la définition du goût on peut, si l'on veut, supprimer ici le sens du goût.

ciables pour notre organisme? Non, évidemment! Mais ici, le corps observé, étant vivant, est doué d'une activité très spéciale qui se traduit par une assimilation d'une précision extraordinaire ; nous avons vu que dans la lutte contre un autre corps vivant, dans un corps à corps, chaque être qui luttait pouvait précisément développer chez son antagoniste des particularités spécifiques par rapport à lui-même ; savons-nous si l'activité spéciale de l'assimilation, de même qu'elle est capable de répandre, dans les colloïdes voisins, des états physiques qui transportent en dehors du corps une partie de sa nature propre, n'est pas également susceptible de rayonner dans l'ambiance des vibrations qui reproduisent certains côtés de son activité avec autant de précision que la lumière réfléchie par sa surface extérieure reproduit sa forme[1] ?

Devons-nous affirmer que cela n'est pas, parce que nous n'avons aucun organe des sens capable de saisir cette activité vitale *dans son ensemble*? Si nous avions un tel organe des sens, nous connaîtrions *tout* ce qui se passe dans tous les corps vivants ; peut-être y a-t-il des cas où un tel organe existe passagèrement en nous ; nous nous en rendrons compte plus facilement après avoir étudié ce que c'est qu'une surface sensorielle, un organe des sens, dans l'acception la plus générale.

---

1. Ce raisonnement s'applique d'ailleurs de la même manière à des corps non vivants, dans lesquels il existe une activité spécifique ; nous n'avons pas le droit de nier *a priori* l'influence à faible distance des métaux et autres substances inorganiques, et il est peut-être regrettable que des charlatans, en racontant au public des faits imaginaires de *métallothérapie*, aient détourné de ces études les chercheurs sérieux.

§ 22. — LES ORGANES DES SENS ET LA LUTTE CONTRE LE MILIEU

Un corps vivant est limité par un contour qui le sépare de l'ambiance, mais qui le met aussi en relation avec l'ambiance, puisque c'est seulement à travers ce contour que se font les échanges physiques et chimiques dont résulte la vie de l'individu; et l'on peut affirmer qu'aucun point de la surface du corps n'est indifférent à *tous* les phénomènes extérieurs; en n'importe quel point de la peau peut, par exemple, pénétrer la pointe d'un poignard. Mais, si aucun point de notre contour n'est indifférent à *tous* les phénomènes extérieurs, aucun non plus n'est sensible à *tous* ces phénomènes; la lumière qui frappe notre main ne nous donne aucune impression, et il en est de même du son qui arrive à notre œil. Certaines régions superficielles de l'animal sont particulièrement sensibles à telle ou telle partie de l'activité ambiante, c'est-à-dire que leur état d'équilibre se trouve modifié par tel ou tel facteur d'action, et c'est même à cause de l'existence de ces régions spéciales ou surfaces sensorielles que nous analysons, comme nous le faisons actuellement, l'activité extérieure, et que nous en appelons telle partie « lumière », telle partie « son ». La première condition pour qu'une surface soit sensorielle est donc que son état d'équilibre puisse être troublé par une variation extérieure de tel ou tel agent naturel. Mais cela n'est pas suffisant; il faut encore que nous soyons avertis, d'une manière précise, de la rupture d'équilibre produite et de sa nature propre; en d'autres termes, il faut que cette rupture d'équilibre retentisse, d'une manière qui lui soit propre, sur l'équilibre de nos centres conscients. C'est là l'histoire de toutes les actions à distance ; pour inventer la sonnerie électrique, il a fallu trouver deux choses : d'abord un moyen de déterminer une rupture d'équilibre dans ce quelque chose dont nous ignorons la nature et que nous appelons un courant électrique ; ensuite un moyen de manifester cette rupture d'équilibre en un autre point du courant, par un phénomène accessible à nos moyens d'investigation. La sonnerie électrique est un appareil grossier ; le téléphone est un appareil bien plus remarquable, car ce qui se transmet en lui est bien plus précis, bien plus nuancé, car le mécanisme transmetteur d'une part, le mécanisme récepteur d'autre part, sont des instruments bien plus délicats.

Une surface sensorielle est comparable au mécanisme transmetteur du téléphone ; mais elle ne joue son rôle effectif que si ses variations sont transmises à notre cerveau ; de même, un transmetteur téléphonique ne joue son rôle effectif que s'il est relié à un récepteur convenable. Un filet nerveux est une traînée de substance colloïde qui, à une de ses extrémités, peut subir une modification d'équilibre capable de se transmettre *avec ses caractères propres* à l'autre extrémité du filet ; si l'une des extrémités est une surface sensorielle, la modification d'équilibre qui s'y produit est en rapport avec l'agent extérieur correspondant ; si la forme sous laquelle se manifeste à nos centres conscients cette rupture d'équilibre est ce que nous appelons *impression lumineuse*, nous appelons *lumière* l'agent extérieur qui a frappé la surface sensorielle. Et nous créons ainsi un langage particulier dans lequel nous traduisons tout ce qui, de l'activité extérieure, parvient à nos centres conscients avec des caractères reconnaissables.

Existe-t-il, dans ce langage particulier, quelque chose qui corresponde aux activités émanées des autres individus vivants? nous voyons leurs mouvements avec nos yeux, nous entendons avec nos oreilles le bruit qu'ils produisent, de même que nous percevons les mouvements et les bruits ayant pour origine des corps inanimés. Ne sommes-nous pas tenus au courant de ce qui se passe en eux en dehors des phénomènes susceptibles de se manifester à nos yeux ou à nos oreilles? C'est là la question de la télépathie. Le fait qu'ils sont vivants et que nous sommes vivants ne crée-t-il pas entre nous un lien plus parfait que celui qui existe entre nous et les corps bruts? Y a-t-il dans l'activité spéciale à la vie quelque chose de transmissible à l'ambiance avec des caractères précis, et ce quelque chose peut-il, dans certains cas, rompre l'équilibre d'un autre être vivant de manière à être analysé par lui? Il me semble impossible de nier *a priori* la possibilité de ces actions à distance ; nous n'avons pas, que nous sachions, de surface sensorielle adaptée à ces « radiations vitales » particulières ; si nous les percevons, nous ne savons pas par où ; nous ne savons pas même si elles ne sont pas directement portées à nos centres conscients[1] qui seraient des résonnateurs de centres analogues. Ce que l'on

1. Si cela était, on comprendrait pourquoi ces phénomènes de communication à distance semblent plus fréquents chez les hypnotiques ; les centres nerveux étant provisoirement débarrassés de leurs relations normales avec les organes des sens qui leur communiquent des impressions violentes, *écouteraient*, dans un silence relatif, l'activité de centres nerveux analogues situés dans d'autres individus et auxquels ils peuvent servir de résonnateurs.

peut affirmer, c'est que, dans les cas normaux, les phénomènes de télépathie ne jouent pas dans notre vie un rôle bien important, c'est que, du moins, leur influence est beaucoup moindre que celle des agents extérieurs dont nous percevons les variations par le moyen de nos organes des sens.

Quand deux hommes sont dans une même chambre la pensée de l'un ne gêne guère la pensée de l'autre; il n'y a pas, à ce point de vue, lutte directe entre eux; la lutte ne peut s'établir, en dehors du corps à corps, que par des projectiles matériels, ou encore par la parole et par le geste qui atteignent l'ouïe et la vue; il peut y avoir conflit *indirect*, et le conflit direct ou télépathique est, s'il existe, beaucoup moins considérable.

§ 23. — LA LUTTE DIRECTE EST PLUS RARE CHEZ L'HOMME EN DEHORS DES CAS DE MALADIE; LE SOUVENIR ET LA VICTOIRE PARTIELLE DU MILIEU

Il faudra d'ailleurs toujours distinguer la lutte directe de la lutte indirecte.

La lutte directe serait le phénomène par lequel on s'efforce d'imposer au milieu ambiant telle ou telle particularité de son état personnel; le corps vivant réussirait, par exemple, à imposer tout son état à une portion croissante du milieu lorsqu'il grandit par suite du phénomène d'assimilation.

La lutte indirecte serait le phénomène par lequel des modifications de l'ambiance, résultant de la vie d'un être mais n'ayant pas le caractère d'assimilation du milieu par cet être interviennent dans les conditions de vie d'un autre individu; telle, par exemple, la lutte alimentaire dans laquelle un individu qui s'empare d'une nourriture en prive son voisin ; telle aussi la lutte balistique dans laquelle un individu qui lance un projectile blesse son voisin.

La lutte vraiment directe ne se manifesterait guère que dans les cas de maladie, où l'un des ennemis est introduit dans l'autre ; car, du moins pour les êtres qui vivent dans le milieu aérien, les influences assimilatrices, même physiques, se réduisent à fort peu de choses ; on peut même dire que, propageant uniquement par la voix ou la lumière, des sons ou des formes, les êtres vivants ne sont guère mieux traités que les corps bruts qui émettent aussi des formes visuelles et des sons. La perception, par l'être vivant des caractères optiques ou acoustiques des corps qui l'entourent lui est manifestement utile pour la conservation de sa vie [1], mais on peut dire néanmoins, au point de vue de la lutte directe, que cette perception par l'être est en quelque sorte une victoire du milieu sur lui.

Un homme qui se promène les yeux ouverts et les oreilles non bouchées, dans un milieu quelconque, est, par cette voie de ses yeux et de ses oreilles, soumis à certains côtés au moins de l'activité extérieure ; il n'est pas maître chez lui, et il n'arrive à le devenir qu'en se désarmant par rapport aux dangers du milieu, en bouchant ses oreilles et en fermant ses yeux ; il ne peut cependant pas ne pas respirer et les odeurs au moins où le goût de l'ambiance s'imposent à lui. Bien plus, ces influences du milieu ne sont pas toutes passagères ; certaines formes visuelles ou auditives s'im-

---

[1]. V. *Les Influences ancestrales*. Bibl. de philos. scient. Paris, Flammarion.

priment dans le *souvenir* de l'homme, et ainsi se prolonge plus ou moins longtemps la victoire du milieu sur l'individu vivant; le souvenir est d'ailleurs une partie de l'adaptation, de l'évolution qui amoindrit le triomphe de l'homme sur la nature, mais l'homme en tire parti dans la lutte pour la conservation de sa vie; il est donc obligé de faire des concessions et de renoncer à l'intégrité de ses caractères personnels, pour éviter la mort.

Et cela est vrai, non seulement de l'homme, mais de tout animal vivant; on définit justement l'intelligence « la faculté de tirer parti de son expérience »; tout être qui s'adapte fait acte d'intelligence, c'est-à-dire qu'il profite des défaites qu'il a subies [1] pour se préparer de nouvelles victoires, dans lesquelles il sera toujours obligé de faire de nouvelles concessions; il n'y a pas de triomphe absolu.

Il y aurait maintenant deux chapitres qui prendraient place naturellement à la suite de cette question de la lutte d'un être vivant contre un autre être vivant; ce serait d'abord l'histoire des cas où la lutte directe ne se termine pas par la mort d'un des combattants, mais par une paix armée ou même une paix parfaite; on dit alors qu'il y a maladie chronique ou symbiose; nous aurons besoin, pour étudier ce cas, de connaître l'histoire de la lutte d'un corps vivant contre un corps de la deuxième catégorie; il faut donc renvoyer ce chapitre plus loin.

---

1. V. *Les Lois naturelles*. Paris, Alcan. Je discute dans ce volume la manière dont l'homme a fondé la *science* à son usage, en tirant partie de son expérience propre et de celle de ses ancêtres. C'est pour cela que la science est humaine et ne peut conduire à aucune notion absolue.

L'autre chapitre serait celui de la lutte des hommes pour la *possession* des biens de la terre ; il faudrait, dans cet ordre d'idée, étudier la formation des sociétés et la genèse des conventions sur lesquelles est basée la notion même de propriété ; cette notion a pour origine la lutte alimentaire, et c'est pour cela qu'elle nous intéresse dans cet ouvrage ; nous en dirons quelques mots en terminant.

Enfin, il y a bien encore une autre lutte qui présente un caractère intéressant et qui domine toute la biologie ; c'est la lutte sexuelle ; nous verrons qu'elle se rattache à des phénomènes purement physiques, des phénomènes bipolaires, comme ceux de l'électricité et du magnétisme[1].

Attachons-nous maintenant à la lutte des corps vivants contre les corps de la deuxième catégorie.

---

1. C'est Angel Gallardo, professeur a Buenos-Ayres, qui a le premier donné une interprétation de cet ordre dans *les Phénomènes de Karyokinèse*.

CHAPITRE IV

La lutte des corps vivants contre les corps de la deuxième catégorie et les corps bruts.

§ 24. — LES CORPS DE LA DEUXIÈME CATÉGORIE DONT LA LUTTE CONTRE LES ÊTRES VIVANTS NE PRÉSENTE PAS D'INTÉRÊT : FLAMMES, ETC...

Nous avons déjà constaté, au cours des chapitres précédents ; que la lutte des corps vivants entre eux était bien rarement directe, et se faisait par l'intermédiaire de corps bruts ; nous n'entrons donc pas ici dans un sujet vraiment nouveau ; la vie même n'est que la lutte du corps vivant contre les corps ambiants, le triomphe (mitigé de concessions) du corps vivant. Dans les cultures d'aspergillus nous avons constaté en outre un envahissement du milieu de culture par une diastase transportant partiellement l'activité vitale du champignon et, par conséquent, l'étude de la lutte des corps vivants contre les autres corps empiétera aussi sur l'histoire de la lutte, contre les mêmes corps, des corps de la deuxième catégorie. Tout se tient.

Nous avons dit précédemment que, à côté des

corps vivants susceptibles d'assimilation totale, se plaçaient d'autres corps, non vivants, mais susceptibles d'assimilation physique, capables, en d'autres termes, d'imposer, sans se modifier eux-mêmes, une partie au moins de leur état physique à *certains* autres corps placés dans l'ambiance. Ce sont ces corps que nous appelons, sans les définir avec plus de précision, corps de la deuxième catégorie.

Une flamme, par exemple, répond à la définition que je viens de rappeler. En présence de *certains* corps, dit corps combustibles, ou plutôt d'un mélange de ces corps combustibles et d'autres corps appelés comburants, comme, par exemple, de la paille et de l'air, de l'hydrogène et du chlore, etc., la flamme produit une assimilation physique, c'est-à-dire qu'elle peut imposer l'état flamme à des parties croissantes de l'espace sans subir pour cela la moindre modification; j'ai déjà eu l'occasion de comparer la flamme à l'être vivant[1], et de montrer que la différence entre la flamme et la vie tient précisément à l'absence d'assimilation *chimique* dans le cas de la flamme; si j'allume avec une allumette un mélange d'hydrogène et de chlore, je détermine bien une flamme nouvelle mais qui diffère chimiquement de la première.

Malgré cette ressemblance partielle qui résulte de l'assimilation physique, la lutte de la flamme et de la vie ne présente aucun intérêt, car les êtres en train de vivre ne sont pas combustibles et, d'autre part, les flammes ne sont pas des aliments pour la vie; nous aurons donc à étudier les flammes dans le chapitre où nous nous occuperons de la lutte des corps de la

---

1. V. *Les Lois naturelles,* appendice.

deuxième et de la troisième catégories, mais ici nous devons les négliger ; la lutte n'est instructive pour nous que quand les corps manifestent précisément au cours de cette lutte la propriété active qui les a fait classer dans la première ou dans la deuxième catégorie ; un être vivant qui meurt ne nous intéresse pas plus qu'une flamme qui s'éteint.

Le noir animal présente, à un certain point de vue, des propriétés qui peuvent le faire classer dans la deuxième catégorie, avec cette réserve cependant qu'il ne semble pas agir *en dehors* de l'espace qu'il occupe en tant que corps défini. Un morceau de noir animal plongé dans un liquide contenant en dissolution des gaz fétides, absorbe ces gaz et leur impose, si j'ose m'exprimer ainsi, l'*état noir animal*, au lieu de l'état de diffusion dans le liquide qui contenait ces gaz préalablement[1]. Mais il n'y a pas de corps vivants gazeux ; nous laissons donc de côté pour le moment le cas du noir animal.

§ 25. — LA LUTTE ALIMENTAIRE ET LES ANTIDIASTASES

Ce qui nous intéresse ici, ce sont les corps qui peuvent servir d'aliments ou de poisons aux êtres vivants, ceux dont la lutte avec les êtres vivants se

---

1. Le phénomène analogue, que produit la mousse de platine dans un mélange d'air et d'acide sulfureux, par exemple, se traduit par une réaction chimique, l'oxydation de l'acide sulfureux. Ce phénomène d'assimilation physique conduisant à une transformation chimique rappelle l'interversion du saccharose par la sucrase (v. plus haut, p. 60). Les chimistes pourront en donner une analyse détaillée ; le langage de l'assimilation physique nous permettra toujours de raconter les faits d'une manière synthétique et féconde.

traduit par l'assimilation physique de l'un des deux adversaires. La plupart de ces corps ont la vie pour origine ; s'ils peuvent lutter avec des êtres vivants, c'est que, le plus souvent, ils sont des parties transportables de l'activité d'autres êtres vivants ; ces corps sont les *diastases*. Nous serons naturellement conduits, par les résultats de nos observations, à généraliser la notion de diastase et à étudier dans le présent chapitre la lutte d'un corps vivant contre un colloïde mort quelconque.

Le premier cas de lutte alimentaire que nous ayons envisagé a été celui de la lutte de l'*aspergillus niger* contre le sucre de canne ; nous avons constaté qu'une solution de sucre de canne doit être considérée comme ayant un état physique incompatible avec la vie de l'aspergillus, d'où la nécessité pour l'aspergillus de laisser émaner dans le milieu sucré une partie de son activité personnelle, une *sucrase*, dont le résultat est d'imposer au saccharose un état physique incompatible avec sa nature de saccharose, et de réaliser ainsi l'interversion de ce sucre. Nul doute d'ailleurs que, si le saccharose était en quantité suffisante dans le liquide, l'aspergillus fût au contraire vaincu et tué, le saccharose gardant son état. Dans toutes les luttes que nous envisagerons, il y aura toujours une possibilité de revanche pour le vaincu.

La *présure*, que les ménagères emploient pour faire cailler le lait, est le résultat de la lutte du veau contre le lait, dans son quatrième estomac ou caillette ; c'est donc, comme nous l'avons dit précédemment, la partie transportable de l'activité vitale du veau[1], qui est précisément capable de lutter contre

---

1. Nous verrons plus loin comment les influences nerveuses et

l'état physique du lait, de l'assimiler physiquement pour lui permettre ensuite d'être utilisé par le veau, dans le phénomène d'assimilation chimique. Chose étrange, et qui étonnera ceux pour qui la digestion est une dissolution, cette digestion du lait par la présure commence par une *coagulation*.

Quoiqu'il en soit, nous savons reconnaître la présure à son action coagulante sur le lait; l'extrait de la caillette du veau contient une diastase que nous savons caractériser par ses résultats. C'est donc un bon sujet d'étude pour la lutte que nous envisageons maintenant, et, précisément, des savants ont fait récemment, indépendamment l'un de l'autre, des expériences concernant la lutte des animaux vivants contre la présure.

M. Morgenroth a étudié la lutte des chèvres contre cette diastase; M. Briot s'est adressé aux lapins. L'expérience consiste à injecter une certaine quantité de présure dans le milieu intérieur d'un animal vivant.

On peut se demander quel rapport existe entre la présure et le milieu intérieur des chèvres ou des lapins; nous ne savons reconnaître la présure qu'à son action coagulante sur le lait; nous ignorons *a priori* si cette diastase peut avoir une action sur les colloïdes vitaux des deux animaux en expérience, et, en réalité, l'expérience dont nous nous occupons ici doit être considérée comme réalisant la lutte d'un être vivant avec un colloïde quelconque; *la présure n'est diastase que par rapport au lait;* par rapport à la chèvre ou au

les caractères acquis par une longue habitude enlèvent à cette lutte des sécrétions intestinales contre les aliments leur caractère local et précis (v. § 27).

lapin, elle n'est qu'un colloïde comme les autres, mais ce colloïde a l'avantage que nous saurons toujours reconnaître, en employant le lait comme réactif, la présence ou l'absence de sa propriété physique principale.

Tous ces préliminaires établis, voici le résultat de l'expérience : la présure est digérée par le lapin ou la chèvre, pourvu qu'on ne l'ait pas injectée en trop grande quantité. Mais cette digestion n'est pas un phénomène banal ; c'est un phénomène spécifique par rapport à la présure ; et en effet, le sérum des animaux traités a acquis une propriété nouvelle que l'on énonce en disant qu'il est devenu *antiprésurant;* il est devenu capable d'empêcher la présure active de coaguler du lait.

Nous avons été préparés à ne pas nous étonner de ce résultat ; dans tous les cas où cela a été possible, nous avons reconnu que la digestion par un corps vivant développe ordinairement la partie de l'activité de ce corps vivant qui est précisément capable d'effectuer la digestion considérée ; c'est cette activité partielle, communiquée au milieu, que nous appelons la diastase digestive capable d'assimiler physiquement la substance à digérer.

Dans l'expérience actuelle, les éléments vivants de la chèvre ou du lapin, obligés de lutter contre la présure, ont sécrété, dans le milieu intérieur, la diastase antiprésurante, capable de détruire la présure, et de lui enlever par conséquent, entre autres propriétés, la seule par laquelle nous sachions la reconnaître, celle de coaguler le lait. Non seulement la présure, ayant lutté avec la chèvre, a été vaincue et est devenue incapable de se manifester à nous activement, mais même, la chèvre a produit, dans son milieu intérieur, un excès de la diastase capable de désarmer la présure.

Le fait est général.

Toutes les fois que l'on injecte un colloïde dans un animal vivant, si l'animal ne meurt pas et digère le colloïde, il fabrique dans son milieu intérieur un excès de cette *diastase* capable de détruire le colloïde, et cette diastase est spécifique par rapport au colloïde injecté. Le résultat est particulièrement facile à mettre en évidence, lorsque le colloïde injecté est connu comme ayant une action diastasique sur un autre colloïde défini, car, alors, on possède un réactif précis permettant de constater sa disparition en même temps que l'apparition, dans le sérum de l'animal vainqueur, d'une propriété antagoniste de son action diastasique. On a obtenu ainsi, pour l'émulsine, la trypsine, etc..., comme pour la présure, des sérums antiémulsifs, antitryptiques, etc.

En dehors des cas où l'on peut reconnaître le colloïde à une action diastasique exercée par lui, il y en a d'autres où le colloïde est reconnaissable à son aspect personnel ; alors on peut encore remarquer l'apparition, dans le sérum de l'animal, d'une propriété spécifique par rapport au colloïde injecté, en faisant agir le sérum sur le colloïde, *in vitro*. Ainsi, le sérum d'un animal dans le péritoine duquel on a injecté du lait de vache, et qui n'en est pas mort, donne un précipité avec le lait de vache, mais pas avec le lait de truie ou de chèvre ! Il contient donc une diastase spécifique par rapport au lait de vache comme l'antiprésure était spécifique par rapport à la présure.

§ 26. — GÉNÉRALISATION DE LA NOTION DE DIASTASE. — LA DIASTASE FORMATIVE OU MORPHOGÈNE ET LA TUBERCULINE DE BEHRING

Le langage employé dans le cas de la présure est si commode que j'ai proposé de le généraliser à tous les cas [1], ce qui est possible à cause de l'élasticité donnée, dans les pages précédentes, à la définition du mot diastase. En réalité, nous avons appelé diastase une propriété active transportable et voilà tout. Pourquoi ne donnerions-nous pas le nom de diastase du lait de vache à la propriété qu'a ce lait d'avoir précisément la consistance sous laquelle nous le connaissons? Nous dirions alors que, le lait de vache étant inoculé à un cobaye, sa *diastase formative* lutte contre le cobaye, et est la cause de l'apparition, dans le sérum de ce cobaye vainqueur, d'une propriété antidiastasique spécifique par rapport à elle.

De même, pour le cas où nous injectons à un cobaye des globules de sang d'oie, nous dirons que le globule de sang d'oie contient une *diastase formative* dont le résultat est de donner aux matériaux dont il est formé l'aspect de globule de sang d'oie; cette *diastase formative* étant vaincue dans la lutte contre le cobaye, il apparaîtra, dans le sérum de ce cobaye, une propriété antidiastasique correspondante et, en effet, ce sérum aura ensuite le pouvoir de digérer *in vitro* les globules de sang d'oie.

On pourra se demander quelle était la nécessité d'introduire cette innovation dans le langage; j'ai déjà fait remarquer précédemment combien il était utile

---

1. V. *Introduction à la Pathologie générale, op. cit.*

de ne pas considérer comme passif l'un des facteurs d'une digestion; c'est même là qu'est le principal avantage du langage de la lutte universelle. Mais dans le cas actuel, il y aura un autre avantage à parler de cette diastase formative, personnelle ou morphogène des éléments histologiques; j'avais proposé ce langage dans mon livre de pathologie[1], et le jour même où il paraissait, le Dr Behring annonça avoir trouvé dans la diastase formative du bacille de Koch le remède de la tuberculose. Le savant allemand avait même été conduit par ses expériences à employer une expression tout à fait équivalente à celle que mes déductions m'avaient suggérée. Cette coïncidence me fait croire que mes raisonnements étaient fondés et je pense que les diastases formatives ou morphogènes sont appelées à jouer un rôle en médecine.

Avec une telle convention, ainsi que nous l'avons déjà vu pour l'histoire de la vacuole digestive, toute digestion de colloïde se raconte dans un langage absolument symétrique. Toute digestion est une *lutte de diastases*; on donne le nom de diastase digestive à celle qui l'emporte dans la lutte ; l'autre était la diastase formative du colloïde digéré. Dans un autre cas, le vainqueur d'aujourd'hui se trouve digéré à son tour par une troisième diastase ; une diastase n'est digestive que par rapport à certains colloïdes spéciaux ; la pepsine peut être assimilée par des microbes. Seulement, la transformation de la pepsine ou de la présure par des diastases victorieuses ne sera pas marquée pour nous par des phénomènes morphologiques visibles comme la dissolution des hématies ou

---

1. *Introduction à la Pathologie générale*, p. 355.

la coagulation du lait ; c'est que l'activité spéciale de la présure ne se manifeste pas à nous par la forme ou l'état du colloïde qui la contient ; elle n'est pas *formative* ou du moins elle ne produit pas de forme accessible aux investigations des sens des hommes.

Nous voici donc amenés à une lutte de diastases, c'est-à-dire à un phénomène qui ne doit être étudié que dans un prochain chapitre ; toutes les fois que nous voulons analyser la lutte d'un corps vivant contre des corps de la 2ᵉ catégorie, nous sommes conduits à des phénomènes de cette espèce ; nous ne devons donc étudier ici que l'activité d'ensemble, la lutte de l'être vivant lui-même contre les colloïdes morts.

Cette lutte est évidemment différente de celle que nous étudierons plus tard, car, même si elle se réalise par l'intermédiaire de diastases, la lutte de ces diastases contre d'autres colloïdes se passe dans des conditions spéciales ; en effet, *tant que le vivant reste vivant*, la diastase qu'il produit se renouvelle sans cesse si elle est vaincue par son antagoniste ; et une diastase sans cesse renouvelée peut obtenir un résultat que n'aurait pas atteint une diastase produite une fois pour toutes. Il y a en outre peut-être des actions directes et non transportables de l'être vivant.

Mais ce qui nous intéresse le plus vivement, c'est que l'être vivant, quand il est victorieux, produit toujours précisément la diastase qu'il faut pour vaincre le colloïde antagoniste ; il continue même ensuite à produire cette diastase quand elle n'est plus utile, ce qui, je l'ai déjà fait remarquer précédemment, est la démonstration directe de la loi *d'assimilation fonctionnelle*[1].

Le cas le plus intéressant de la lutte d'un corps vivant contre un colloïde mort est celui où ce colloïde mort est une diastase ayant une action digestive[2] sur d'autres êtres vivants, ou, en d'autres termes, une toxine dont l'activité spécifique se manifeste à nous par la destruction d'un cobaye, d'une souris ou d'un pigeon. Injectée à un animal qui n'y est pas sensible, cette toxine est digérée comme un colloïde quelconque et le sérum de l'animal vainqueur devient antitoxique par rapport à elle.

C'est là le principe de la sérothérapie; on peut même obtenir le sérum antitoxique en injectant la toxine à un animal dont l'espèce est sensible à la toxine considérée, mais qui, par un traitement spécial, a été préparé à résister à l'attaque; nous verrons tout à l'heure pourquoi cette méthode est préférée en sérothérapie; mais auparavant, nous devons faire une remarque extrêmement importante.

Je suppose qu'on injecte à un animal à sang froid une toxine capable de tuer un animal à sang chaud; il pourra se faire quelquefois que le sérum de l'animal à sang froid ne devienne pas immunisant pour l'animal à sang chaud. Doit-on voir là une exception à la loi générale de la fabrication des sérums spécifiques dans les cas d'assimilation physique d'un colloïde ?

Pas le moins du monde.

Un colloïde agit comme diastase *dans certaines conditions*, à 40° par exemple. Si, à cette température,

---

1. V. plus haut, p. 87.
2. J'entends digestion au sens d'assimilation physique.

dans ces conditions, il est assimilé par un être vivant, le sérum de cet être vivant devient antidiastasique à son égard et est capable d'entraver son action spécifique *dans les conditions où elle se produit normalement.*

Mais à 15° *dans d'autres conditions*, notre colloïde n'est plus la diastase considérée ; il a d'autres propriétés que nous ne savons pas mettre en évidence au moyen d'un réactif approprié ; et c'est contre ces propriétés inconnues qu'est actif le sérum d'un lézard qui l'a digéré à 15°. Voilà le danger du mot diastase ; il nous fait croire à un corps défini ; or, nous ne connaissons ce corps que par son activité *dans des conditions données*, et nous lui conservons le même nom dans d'autres conditions où il ne manifeste plus la même activité spécifique.

C'est là une erreur dont il faut se garder.

Revenons maintenant à la sérothérapie.

Le sérum d'un animal qui a digéré un colloïde est capable de transporter *in vitro* cette propriété digestive. Mais lorsque ce colloïde était une toxine dont nous reconnaissions la nature au fait qu'il tuait un cobaye par exemple, ce n'est plus *in vitro* mais *in vivo*, dans le corps d'un autre cobaye, que nous pourrons constater l'efficacité du sérum antitoxique correspondant. Nous injecterons donc au cobaye le sérum antitoxique, et nous verrons ensuite si le cobaye est à l'abri de la toxine correspondante. Mais un cobaye n'est pas un simple verre à expérience ; le sérum antitoxique qu'on lui injecte est un colloïde, et ce colloïde, il doit le digérer plus ou moins vite, comme tous les colloïdes qui ne sont pas en équilibre avec ses propres tissus et son milieu intérieur.

Il le digère en effet, mais avec une rapidité très

variable; si le sérum antitoxique a été fourni par un caïman par exemple, le sérum de caïman, injecté à un cobaye, doit être digéré d'autant plus vite que la lutte est plus vive, c'est-à-dire que la différence d'équilibre entre le sérum de caïman et le cobaye est plus considérable; encore n'est-il pas sûr qu'il soit digéré; il peut digérer lui-même le cobaye qui est alors vaincu dans la lutte. Cela à lieu par exemple si l'on emploie du sérum de serpent; que ce serpent soit ou ne soit pas rendu antitoxique par rapport à une toxine donnée, il reste lui-même toxique pour la plupart des mammifères.

Si, au contraire, le sérum antitoxique injecté à un cobaye est emprunté à un autre cobaye, il est aussi voisin que possible de l'état d'équilibre du cobaye injecté et peut s'y conserver sans lutte, comme dans un verre ou à peu près. Un sérum antitoxique est donc digéré d'autant plus lentement qu'il est emprunté à une espèce plus voisine de l'animal injecté et, par conséquent, si l'on veut conférer à un animal une immunité assez durable par la sérothérapie, il faut emprunter le sérum actif à un être de la même espèce.

Cette question purement pratique ne nous intéresse pas ici; je l'ai étudiée ailleurs[1]. Je fais seulement remarquer, en passant, que le venin des serpents, qui joue le rôle d'une diastase victorieuse lorsqu'on l'injecte à la plupart des mammifères, est, pour une raison analogue à celle que je viens d'indiquer, inoffensif pour les serpents; il n'y a pas lutte puisqu'il n'y a pas rupture d'équilibre.

---

1. *Introduction à la Pathologie générale*, op. cit., ch. xiv, § 80.

§ 27. — LE SYSTÈME NERVEUX ET LA FABRICATION DES ANTITOXINES

Dans un autre volume de cette même bibliothèque de philosophie scientifique [1], j'ai étudié l'acquisition progressive de certains caractères, tant morphologiques que physiologiques, par les espèces animales en voie d'évolution, et j'ai fait remarquer que, dans beaucoup de cas, un acte habituel pouvait se fixer dans l'hérédité au point de devenir en quelque sorte une propriété absolue de l'être et de perdre toute sorte de lien avec les causes qui le déterminaient précédemment dans l'individu. Ce phénomène de fixation des caractères acquis se retrouve dans l'histoire de la sécrétion des antitoxines ou diastases spécifiques. En voici un exemple :

« A l'ancienne fistule gastrique... Pawlow a substitué la fistule avec œsophagotomie. L'œsophage vient s'ouvrir sur la face latérale du cou ; l'estomac pourvu d'une fistule et séparé par une ligature des voies digestives supérieures, donne, quand l'animal mange et rejette les aliments par l'orifice cervical de l'œsophage, un suc gastrique très pur dont la sécrétion a été provoquée par la vue ou la saveur des aliments. (repas fictif)... On sait depuis longtemps, en effet, que la vue, le simple désir d'un aliment provoquent un afflux de salive et, nous pouvons ajouter aujourd'hui, de suc gastrique. C'est ainsi que le chien œsophagotomisé, bien qu'il rejette par le cou tous les aliments ingurgités par lui, sécrète, au cours de ce repas fictif, une assez grande quantité du suc gastrique. Par

---

1. *Les Influences ancestrales*. Flammarion, 1905.

contre, la sécrétion ne se produit pas si, à l'insu de l'animal et en détournant son attention, on introduit par la fistule, dans son estomac, des morceaux de viande. L'estomac, non averti, ne réagit pas. La sécrétion gastrique obéit à des excitations de divers ordres : appétit, vue d'un aliment désiré, saveur, odeur, etc., et aussi, lorsque l'animal mange, contact des aliments avec la muqueuse de l'estomac ; certains produits (eau, extrait de viande) ont une action plus particulièrement favorable [1] ».

Ainsi, la lutte de l'animal contre les colloïdes alimentaires n'est plus une lutte directe, localisée aux points du corps où elle se manifeste ; par une adaptation progressive, par une division du travail [2] évidemment favorable au développement individuel, les organes des sens, éduqués par une longue habitude, jouent un rôle actif dans la production des diastases spécifiques. Voilà une complication très grande pour ceux qui veulent analyser les faits dans le détail, car pour ceux qui se contentent de considérer la lutte de l'homme *unité de combat*, contre le colloïde alimentaire, la formule reste la même.

L'animal attaqué par un colloïde et continuant de vivre produit précisément la diastase spécifique qui est nécessaire à l'assimilation physique de ce colloïde.

Dans le cas de l'homme ou d'un animal supérieur, nous savons diviser ce phénomène en plusieurs parties ; c'est par l'odorat ou le goût que l'animal est renseigné sur la nature de son ennemi, et ce renseignement suffit à lui imposer la fabrication, là où elle

---

1. Hugounenq. *Revue générale des sciences*, 30 déc. 1905.
2. V. plus bas, § 41.

est nécessaire, de la diastase qui doit assurer sa victoire. Les raisonnements anthropomorphistes conduiraient à décomposer de la même manière le fonctionnement de l'amibe qui digère une bactérie : il vaut mieux éviter de prêter à ces petits êtres les sensations subjectives de l'homme, mais on peut néanmoins tirer quelque chose de l'étude de l'homme et dire :

L'attaque réalisée par un colloïde sur un point de l'amibe (dans une vacuole alimentaire par exemple) consiste en une rupture d'équilibre qui se transmet *avec son caractère spécifique*, à tout le protoplasma de l'amibe ; et il se produit *partout*, dans l'amibe, la réaction vitale victorieuse que nous appelons fabrication de la diastase spécifique.

Ce phénomène de la sécrétion des sucs digestifs sous l'influence de l'odorat ou du goût, est instructif encore à un point de vue, c'est qu'il nous fait prendre sur le fait le caractère *médial* de la lutte ; c'est par l'intermédiaire d'émanations, que nous appelons odorantes, que le colloïde alimentaire commence l'attaque de l'animal dont il sera ensuite la proie ; l'instinct de l'animal lui apprend que cette attaque le conduira à une victoire et il ingère le colloïde, mais, dans certains cas, le défaut d'habitude fait que son instinct le trompe[1] et qu'il avale un corps toxique dont l'odeur ou le goût l'a séduit.

Malgré l'apparence rudimentaire de sa structure, l'amibe possède aussi, sans doute, des instincts analogues dans son bagage ancestral ; les expérimentateurs ne sont pas d'accord à ce sujet, parce que, sui-

---

1. V. *Les Influences ancestrales, op. cit.*, § 28.

vant le corps expérimenté, il se peut que l'amibe soit avertie par son instinct ou prise au dépourvu.

L'analyse, par le goût ou l'odorat, des aliments familiers à l'homme, introduit donc dans le fonctionnement général de l'organisme des actions à distance transmises par conductibilité nerveuse; ces actions à distance se font surtout sentir là où leur utilité digestive est manifeste; peut-être se produisent-elles aussi ailleurs; nous n'avons plus le droit aujourd'hui de croire à la loi d'économie de l'effort; au contraire, nous savons que l'on trouve dans le sang de l'homme des diastases digestives qui n'y semblent pas utiles.

Quoi qu'il en soit, ces phénomènes nerveux introduisent un élément de trouble dans les explications purement cellulaires des faits de lutte; il devient bien difficile de localiser une rupture d'équilibre en un point du corps; cette rupture d'équilibre se transmet probablement par des voies diverses (milieu intérieur, système nerveux) à tout l'organisme. Quand il s'agit, non plus d'un colloïde alimentaire, mais d'un ennemi véritablement dangereux (toxine ou microbe pathogène), il est probable que les animaux n'en ont pas une *habitude* comparable à celle qu'ils ont des substances comestibles; il est vraisemblable que les actions locales sont les plus importantes, mais on doit s'attendre néanmoins à un retentissement, dans tout l'organisme, de la rupture d'équilibre réalisée par l'injection et, par suite, à des efforts dépensés en pure perte.

§ 28. — L'ENNEMI

Peut-être a-t-il semblé bizarre que j'aie parlé dans le même langage des substances alimentaires et des toxines ; mais pour qui a réfléchi un peu, c'est une nécessité du langage symétrique de la lutte universelle. Pour un corps vivant quelconque, tout corps différent est un ennemi ; la rupture d'équilibre produite par le contact, par l'introduction d'un corps étranger, est une déclaration de guerre ; nous appelons substances alimentaires celles que nous savons devoir être vaincues dans la lutte et toxines celles qui peuvent être victorieuses ; mais, il y a en tout une question de dose, et n'importe quelle substance alimentaire, injectée en quantité suffisante, est susceptible de tuer l'animal qui l'a reçue[1]. Si un tas de paille tombe sur une allumette enflammée, elle l'éteint, et nous n'en concluons pas que la paille n'est pas combustible ; cette simple remarque enlève tout intérêt aux expériences dont on encombre les recueils scientifiques et dans lesquels on constate l'effet nuisible de doses massives de substances alimentaires comme le lait et les œufs.

§ 29. — UNE DÉFINITION BIOLOGIQUE DU PROGRÈS

A propos du problème de l'apparition de la vie, je dirai un peu plus loin combien est conventionnelle et

---

[1]. Un homme affaibli, un convalescent, est *gêné* par l'ingestion d'une quantité considérable d'aliments ; il subit une défaite partielle qui se traduit par un sommeil insurmontable ; l'indigestion est la revanche de l'aliment pris en grande quantité et qui entreprend l'assimilation physique du gourmand.

anthropomorphique notre définition du *progrès*[1]. Il y a cependant, dans nos études de lutte, quelque chose qui permet, à un point de vue restreint, il est vrai, de donner au mot progrès une signification dépourvue de toute convention. C'est évidemment un avantage pour un être vivant que de pouvoir résister à des causes de destruction; encore avons-nous vu que sa victoire n'est pas complète et que, résistant à une attaque, il se modifie par là même de manière à être ensuite plus capable de résister à une attaque semblable.

Il y a cependant un cas où l'individu remporte une victoire complète, c'est quand, ayant déjà triomphé plusieurs fois du même ennemi, il est devenu aussi apte que possible à en triompher de nouveau; alors, en effet, une nouvelle attaque du même ennemi ne peut plus augmenter l'aptitude de l'animal à la résistance; l'animal digère son ennemi sans effort et sans trouble. Un homme complètement vacciné contre la variole digère ensuite sans effort le virus de la variole si on le lui inocule; la variole est devenue pour lui le colloïde le plus banal, le plus inoffensif; en d'autres termes, cet homme sécrète normalement, sans attaque du virus variolique, une quantité suffisante d'antivariole dans son milieu intérieur pour que la sécrétion de cette diastase ne soit pas augmentée quand on lui injecte du virus. Le virus ne lutte plus avec l'homme, mais avec une substance morte existant au préalable en quantité suffisante dans le milieu intérieur de l'homme.

En réalité, l'immunité parfaite ne dure pas long-

---

1. V. aussi *Les Influences ancestrales*, op. cit., § 48.

temps, et une nouvelle injection de virus doit, le plus souvent, provoquer une nouvelle réaction vitale de l'individu et, par conséquent, une modification dans le sens d'augmentation d'immunité. Ce n'est donc que chez des êtres récemment vaccinés au maximum que nous pouvons parler d'une immunité totale entraînant la victoire *absolue* de l'animal. C'est aussi, entre des ennemis armés au maximum que nous devons faire la comparaison qui permet d'établir la supériorité de l'une des espèces sur l'autre.

De ce que les moutons meurent du charbon, on pourrait, en effet, conclure que les moutons sont inférieurs à la bactéridie charbonneuse; mais ce serait là une conclusion sans intérêt; s'il y a des moutons qui sont tués par des bactéridies charbonneuses, il y a aussi des bactéridies charbonneuses qui sont tuées par des moutons. La comparaison ne peut se faire avec quelque intérêt qu'entre le mouton le plus armé contre le charbon et le charbon le plus armé contre le mouton. Or, si l'on vaccine au maximum un mouton contre le charbon, on obtient un animal qui résiste sûrement, même au plus virulent des charbons; au contraire, si l'on exalte au maximum la virulence d'une bactéridie pour le mouton, il y aura des moutons réfractaires qui y résisteront. Le mouton le plus armé contre la bactéridie est supérieur à la bactéridie la plus armée contre le mouton. Et cela permet d'affirmer que, à ce point de vue du moins, l'espèce mouton est *supérieure* à l'espèce bactéridie. Il en est de même de la plupart des animaux supérieurs par rapport à la plupart des bactéries, ce qui justifierait, dans une certaine mesure, l'appellation courante d'animaux supérieurs.

Encore faut-il tenir compte de la quantité des assaillants, de la dose injectée[1] à l'animal supérieur; nous avons vu que la question de dose joue un rôle considérable, et que l'excès d'un aliment excellent peut devenir mortel. Il n'y a pas d'animal vacciné contre les indigestions.

1. A propos de ce mot injection, une remarque s'impose à la fin de ce premier livre : c'est que nous devons considérer comme dangereux tous les parasites piqueurs, puces, punaises, etc., qui, attentant à l'intégrité de notre peau, peuvent introduire dans notre organisme un agent pathogène vivant ou non (microbe ou venin). L'une des premières règles de l'hygiène est que nous devons tenir à l'intégrité de notre peau.

LIVRE II

LA PAIX ARMÉE CHEZ LES CORPS VIVANTS[1]

CHAPITRE V

Symbiose et maladies chroniques.

§ 30.

Au sens où nous l'avons employé dans les pages précédentes, le mot maladie nous fait penser instinctivement à un « ennemi » vivant, contre lequel notre organisme entame une lutte acharnée, lutte qui doit se terminer fatalement par la disparition de l'un des combattants. Le mouton qui guérit du charbon a tué toutes les bactéridies charbonneuses; devenu plus habile à résister au charbon, il s'est habitué à repousser un envahisseur terrible. C'est là le type de toutes les maladies aiguës : des deux ennemis en présence, hôte et microbe, l'un doit forcément disparaître ; il

---

1. Une partie de ce livre II a paru dans la *Revue de Paris*, 15 octobre 1905.

n'y a pas de paix armée possible ; l'un des combattants est condamné, mais celui qui triomphe sort aguerri de la lutte.

La tuberculose et les maladies dites « chroniques » (parce qu'elles durent) résultent de phénomènes tout à fait différents. On ne peut pas dire qu'il y ait lutte entre notre substance vivante et celle du bacille tuberculeux ; il semble au contraire qu'un accord parfait s'établisse entre l'hôte et le parasite, une fois que l'infection est réalisée ; et cependant nous mourons de la tuberculose.

Pour comprendre la marche de ces maladies chroniques, il faut nous rappeler ce que nous sommes. L'homme est composé de cellules vivantes, au nombre de plusieurs trillions, et chacune de ces cellules est comparable aux petits êtres unicellulaires, protozoaires ou protophytes, qui vivent dans les eaux stagnantes et dans les infusions. Chacune de nos cellules a, comme un infusoire ou une cellule de levure, un protoplasme et un noyau ; chacune d'elles assimile, c'est-à-dire fabrique, au moyen d'éléments empruntés à l'ambiance, de la substance semblable à la sienne. Il est donc tout naturel, si l'on veut comprendre la nature d'une infection chronique chez l'homme, d'en chercher d'abord des exemples chez les êtres unicellulaires.

L'un des plus célèbres est celui des infusoires — telles les *Paramécies* — qui deviennent verts comme des plantes, quand leur protoplasme est encombré de petites algues vertes (on appelle ces algues *zoochlorelles* à cause de leur couleur et de leur habitat ordinaire dans les cellules animales). Les Paramécies atteintes de cette affection ne s'en portent que mieux ;

il est même rare de trouver aujourd'hui des *Paramecium Bursaria* qui soient incolores ; si, par hasard, on en trouve dans des étangs isolés, il suffit de les mettre dans un bocal où il y a déjà des individus verts de la même espèce ; elles gagnent très vite la maladie verte. En comparant des Paramécies incolores et des Paramécies vertes, on constate que, dans des conditions aussi analogues que possible, les dernières se multiplient *plus vite*, ce qui prouve que les zoochlorelles parasites ne nuisent pas au phénomène de l'assimilation. Les zoochlorelles se multiplient d'ailleurs aussi vite que leurs hôtes, car, au bout d'un certain nombre de générations, la couleur verte des Paramécies n'a pas faibli. Il est donc vraisemblable que les zoochlorelles, utiles aux Paramécies, trouvent elles-mêmes, dans les substances de ces infusoires, un milieu de culture avantageux. Cette « chlorose » des Paramécies apparaît ainsi, non seulement comme inoffensive, mais même comme utile aux individus qui en sont atteints, du moins en tant qu'il s'agit de reproduction et de multiplication.

Mais, si l'homme se compose de plusieurs trillions de cellules, il n'est pas indifférent que ces cellules soient réparties d'une manière ou d'une autre ; c'est une « machine » très compliquée et très précise ; elle est formée de parties qui doivent être vivantes, c'est-à-dire douées d'assimilation ; mais il faut en outre que ces parties soient coordonnées et que leurs activités partielles s'unissent dans un effort total, qui est le fonctionnement d'ensemble ; car c'est le fonctionnement d'ensemble qui entretient les vies partielles des cellules. Or, la vie de l'ensemble entretient les vies partielles et est entretenue par elles, à condition que chaque tissu occupe dans l'organisme la place qui lui est assignée et celle-là seulement. On comprend alors qu'un agent, favorable au développement d'un certain tissu, soit nuisible à l'animal, si le développement exagéré de ce tissu détruit la coordination de l'ensemble. Il ne serait pas bon pour une locomotive que ses pistons se gonflassent au point de faire éclater les cylindres ; de même, le cancer consiste en proliférations cellulaires, qui deviennent mortelles pour l'hôte qui en est le siège. Je vais étudier longuement ici les conditions de la maladie chronique appelée tuberculose ; je dirai ensuite quelques mots de la symbiose des orchidées et des champignons ; ces deux exemples suffiront à illustrer l'histoire de la paix armée.

CHAPITRE VI

Étude philosophique de la tuberculose.

§ 31. — LE TUBERCULE

La tuberculose est due à l'envahissement de notre organisme par un bacille microscopique appelé « bacille de Koch » du nom du savant qui l'a découvert ; ce bacille est trop petit pour être facilement vu au microscope ; il faut le colorer, et il est très difficile à colorer : il ne « prend pas la couleur » comme beaucoup d'autres microbes bien connus. Heureusement, il la perd aussi très difficilement, quand une fois il l'a prise ; c'est grâce à cette propriété que nous pouvons le découvrir dans les tissus. On colore le tissu, soit par une immersion très prolongée dans des bains appropriés, soit par l'action de bains portés à une température élevée ; ensuite on décolore la préparation au moyen de réactifs convenables ; les autres microbes et les éléments histologiques, faciles à colorer, se décolorent facilement, tandis que le bacille de Koch, gardant longtemps sa couleur péniblement acquise, se révèle à l'observateur qui ne peut guère le confondre qu'avec les bacilles de la lèpre.

Presque toutes les parties du corps humain peuvent être le siège d'infections tuberculeuses. Le nom de tuberculose est dû à ce que les bacilles sont généralement contenus dans de petites nodosités appelées tubercules ; c'est dans la genèse du tubercule que réside le principal intérêt de l'histoire de la maladie.

Lorsque le microbe est introduit dans l'organisme, une lutte se produit au début. On sait que notre organisme contient, outre de très nombreuses cellules fixes, occupant une place invariable dans l'économie (cellules musculaires, nerveuses, osseuses, etc., etc.) d'autres cellules mobiles qui vont d'un point à l'autre, à travers les interstices des tissus, suivant les attractions, les répulsions, les entraînements auxquels elles sont soumises. Quelques-unes de ces cellules mobiles ont la propriété d'englober les éléments étrangers introduits dans notre corps ; de là leur nom de *phagocytes*[1] ou « cellules qui mangent ». On les a comparées à des soldats chargés de défendre l'organisme contre l'infection. M. Metchnikoff en distingue deux catégories : les « microphages », qui se chargent des microbes de nature végétale, comme les bactéries, et les « macrophages », qui semblent plutôt adaptés à la consommation des éléments de nature animale, comme les globules de sang extravasé.

Les bacilles de Koch, rentrant dans le groupe des bactéries, il semble que les microphages devraient être

1, V. plus haut, p. 94.

chargés de les faire disparaître ; en effet, au début de l'infection, on a pu constater un afflux de microphages vers la région envahie par les bacilles. Mais, chez les animaux tuberculisables, les microphages sont vaincus dans la lutte et ne parviennent pas à détruire les microbes de la tuberculose.

Au bout de quelque temps, ce sont les macrophages qui arrivent. La lutte prend ici un caractère tout nouveau ; les microbes englobés par les macrophages ne paraissent pas se porter beaucoup plus mal ; les macrophages, eux non plus, ne semblent pas gênés par la présence des bacilles à leur intérieur ; bourré de microbes, le macrophage ressemble beaucoup plus à une Paramécie encombrée de zoochlorelles qu'à une amibe en train de digérer des bactéries : parfois, dans le macrophage, dans la « cellule géante », le bacille prend un caractère particulier, et sécrète une paroi plus épaisse; il est tout naturel que, dans des conditions nouvelles, une plante prenne un aspect nouveau.

Les bacilles de Koch se multiplient donc dans l'organisme infecté ; on en trouve de plus en plus à mesure qui l'infection se prolonge, du moins quand le patient présente un bon « terrain ». Une accumulation de macrophages, bourrés de bacilles, forme une petite granulation qui est le point de départ d'une granulation plus grosse. Ce « follicule tuberculeux », comme on l'appelle quelquefois, présente en son centre une masse de substance macrophagique, encombrée de bacilles de Koch. A mesure que cette masse grossit, on constate de plus en plus aisément que les bacilles vivants sont localisés à la périphérie et que la région centrale est remplie de substances mortes ; on en a quelquefois conclu que les macrophages finissent par digérer les bacilles de la tuberculose. Il me semble que la vérité est ailleurs.

La cellule géante, bourrée de bacilles qui vivent en symbiose avec elle, peut être considérée, tout entière, comme un véritable parasite de l'hôte qui la renferme. Elle a en effet des propriétés spéciales ; elle n'est plus de la même « espèce » que les autres cellules de l'hôte. Elle se multiplie pour son propre compte, comme un *lichen*, formé de l'association d'une algue et d'un champignon, se multiplie sur le rocher qu'il ronge, et prend son caractère *lichen*, qui diffère du caractère *algue* et du caractère *champignon*. Ce lichen, résultant d'une association, se multiplie et prospère, dans des condidions où l'algue et le champignon isolés n'eussent pu se conserver longtemps. Peut-être n'est-il pas exagéré de comparer à un lichen l'union du macrophage et du bacille de Koch, et de considérer ce groupe symbiotique comme étant vraiment l'agent de la tuberculose.

En des points du corps où des macrophages normaux ne se seraient pas fixés pour se multiplier et s'agglomérer, en des points où la coordination exigerait au contraire l'absence de ces granulations croissantes, le lichen, formé de substance d'homme et de substance de bacille, trouve des conditions de prospérité. Mais au lieu de développer sa surface en plaques, comme un lichen qui ronge un rocher, le nodule tuberculeux se développe en volume, en sphéroïde, et, naturellement, le centre de ce nodule, n'étant plus en contact avec les liquides nourriciers, n'étant par irrigué par le sang qui renouvelle l'oxygène, la vie n'y est plus possible : le centre du nodule devient donc un amas de matières mortes ou de déchets, tandis que la vie se localise à sa surface. Des accumulations de nodules forment un tubercule plus ou moins gros, dont le centre ressemble à du fromage, ce que l'on décrit en disant que le centre du tubercule a subi la dégénération « caséeuse ». Il ne manque pas, dans la nature, d'exemples de phénomènes analogues : certain coraux forment de grosses masses presque sphériques, à la périphérie desquelles la vie est localisée, le centre étant purement calcaire ; dans les tourbières, les mousses ou *sphaines* poussent sans cesse à la surface libre, pendant que leurs parties profondes, éloignées de l'air et de la lumière, se putréfient et deviennent de la tourbe.

La comparaison du tubercule avec un lichen en fait comprendre immédiatement l'action nuisible. En premier lieu, il n'est pas à sa place ; il rompt la coordinatiom de l'organisme, et cette rupture devient d'autant plus grave que l'endroit où s'est développé le tubercule est une partie plus délicate ou plus importante de la machine : sans même tenir compte du tort qu'il fait aux tissus voisins en se développant à leurs dépens, on comprend qu'il puisse être dangereux par sa présence seule. Le tubercule, qui a *poussé* dans le poumon, y creuse sa place, sa *caverne*, qui reste vide quand le contenu en est expulsé, mais qui n'en est pas moins très gênante et qui compromet la vie de l'individu tant qu'elle n'est pas bouchée, cicatrisée. Et ce tubercule n'est pas un parasite ordinaire ; car il n'est pas en lutte avec l'organisme ; l'organisme ne se défend pas contre lui ; au contraire, des éléments de l'organisme lui-même entrent dans sa constitution. L'animal est donc désarmé contre un envahisseur auquel s'unissent ses propres soldats ; le tubercule de l'homme est formé de *substance d'homme*, un peu modifiée par la présence des bacilles à son intérieur, mais qui, néanmoins *se trouve à l'aise dans le corps de l'homme*.

§ 32. — LA QUESTION DU TERRAIN

Une cellule d'homme est à l'aise dans le corps d'un homme, c'est-à-dire qu'elle y trouve réunies toutes les conditions nécessaires à sa vie ; encore faut-il qu'elle occupe dans l'homme la place qui lui convient. Mais, pour les éléments mobiles comme les phagocytes, toutes les places sont bonnes ; il suffit qu'ils soient dans un corps d'homme vivant. De même, un phagocyte de chien est à son aise dans un chien, un phagocyte de veau est à son aise dans un veau ; mais si l'on injecte à un homme des phagocytes de chien ou de veau, ceux-ci meurent très vite dans leur nouvel hôte, et sont dévorés par ses macrophages ; réciproquement, des phagocytes d'homme, injectés à un chien, sont dévorés par les macrophages du chien. Toutes les fois que l'on injecte dans le corps d'un animal vivant une substance vivante *quelconque* (en quantité suffisamment restreinte pour que l'inoculation ne détruise pas la vie de l'animal inoculé), on doit penser *a priori* que la substance injectée sera immédiatement condamnée à mort. Et, c'est en effet, nous l'avons vu, le cas le plus ordinaire ; quelque nombreuses que soient les maladies microbiennes de l'homme, le nombre des espèces cellulaires qui, inoculées vivantes à l'homme, sont immédiatement détruites, est infiniment plus considérable.

Quand on choisit une espèce cellulaire *au hasard*, et qu'on l'injecte à un homme en petite quantité, la règle est que les cellules injectées sont tuées ; les exeptions, peu nombreuses, sont ce qu'on appelle les espèces pathogènes pour l'homme. C'est donc que les conditions de vie réalisées dans l'homme sont spéciales à l'espèce humaine et nuisibles par là même à d'autres espèces vivantes, qui ont aussi leurs conditions spécifiques d'existence.

On a pu penser que la substance d'homme, vénéneuse pour les espèces qui ne peuvent pas vivre à l'intérieur d'un corps humain vivant, contenait des substances nuisibles ou, tout au moins, manquait de substances utiles ; mais de nombreux microbes, qui sont tués dans l'homme vivant, s'accommodent fort bien de son cadavre. Il faut donc qu'il y ait autre chose, quelque chose qui disparaît avec la vie, et que, sans rien préjuger, nous pouvons appeler, comme nous l'avons fait plus haut, l'état d'homme vivant. Cet état est différent de l'état de chien vivant, de l'état de veau vivant, etc. Chaque être vivant a son ensemble de conditions physiques qui lui est indispensable pour vivre, indépendamment des conditions chimiques d'alimentation.

Un exemple familier nous fera mieux saisir cette notion un peu délicate de l'état physique. Une cellule vit dans l'eau de mer ; transportée dans l'eau douce, elle est immédiatement tuée ; réciproquement, telle cellule, vivant dans l'eau douce, est tuée si je la transporte brusquement dans l'eau de mer. Si les deux cellules prises l'une dans l'eau douce, l'autre dans l'eau de mer, sont de la même espèce, l'observation nous fait comprendre ce que l'on appelle en pathologie la question du « terrain ». Supposons, en effet, que, de cette espèce cellulaire, que nous savons pouvoir se rencontrer dans l'eau douce ou dans l'eau salée, nous possédions quelques individus dont nous ignorons la provenance. Semons-les dans l'eau de mer : ils y mourront immédiatement s'ils ont été puisés dans de l'eau douce ; ils y prospéreront au contraire s'ils ont été puisés dans de l'eau de mer ; dans le premier cas, on dira que le *terrain* leur est funeste ; il leur sera favorable dans le second.

Si, maintenant, au lieu de passer brusquement de l'eau douce à l'eau salée, nous modifions progressivement la salure, nos cellules vivantes pourront rester vivantes, en s'accoutumant petit à petit ; une modification continue de l'état physique de l'eau nous permettra d'obtenir ainsi une série de types différents de la même espèce cellulaire, types qui, quoique provenant d'un même ancêtre, seront très différemment aptes à subir l'immersion dans un liquide d'une salure donnée.

Quoique l'état physique des protoplasmas vivants tienne à un ensemble de facteurs bien plus complexe que celui d'une eau salée, la même chose se passe lorsque, au lieu d'introduire une cellule dans un liquide salé, on la plonge dans le sein d'une autre substance vivante. Une zoochlorelle, introduite dans le protoplasma d'une Paramécie, s'y développe et y prospère parce que son état physique n'est pas incompatible avec celui de son hôte ; mais c'est là une exception, et n'importe quelle autre petite algue verte, prise au hasard et introduite dans la Paramécie, y est tuée et digérée. De même, quand une bactérie est introduite dans de la substance vivante d'homme, son état physique sera-t-il compatible ou incompatible avec celui du protoplasma humain ? Dans le second cas, il y aura lutte ; dans le premier cas, symbiose. Si la bactérie meurt immédiatement et est digérée par les phagocytes, on dit que la bactérie est une bactérie *banale*; si la lutte dure quelque temps et se termine soit par la mort de la bactérie soit par celle de l'homme, on dit qu'il y a maladie *aiguë*; si la symbiose s'établit, il y a maladie *chronique*.

Mais le cas de l'homme est plus compliqué que celui de la Paramécie, car dans l'homme, tout n'est pas substance vivante ; entre nos cellules, il y a des liquides morts, qui constituent le milieu intérieur et dont l'état physique est différent de celui des protoplasmas de nos tissus. Le sort d'une bactérie introduite peut donc différer, suivant qu'elle se trouve dans le milieu intérieur ou au sein d'une cellule vivante ; tel microbe qui prospérera dans les humeurs sera tué et digéré dans les phagocytes. Ce qu'il y a de particulier dans le cas du bacille de la tuberculose c'est qu'il trouve, dans le sein même des macrophages, des conditions favorables à son existence.

Mais il y a homme et homme, comme il y a bacille et bacille. Quand un homme présente un bon terrain pour le développement d'une espèce microbienne, on dit qu'il est en état de *réceptivité*; quand une espèce microbienne est susceptible de se développer dans un homme, on dit qu'elle est *virulente* pour cet homme [1]. Les hommes ne sont donc pas tous égaux devant la tu-

---

1. Du moins est-ce là l'une des acceptions du mot virulence; l'on

berculose ; il y en a de plus ou moins *tuberculisables*. Mais si un homme diffère de son voisin, il diffère aussi de lui-même aux divers moments de son existence ; suivant son alimentation ou l'air qu'il respire ou les fatigues auxquelles il est exposé, il subit des variations incessantes. A un moment donné, il peut se trouver en état de réceptivité pour des microbes de la tuberculose; l'infection aura lieu et les bacilles de Koch se développeront dans son intérieur. Il aura beau, ensuite, subir de nouvelles variations qui l'auraient rendu naguère inapte à contracter la tuberculose, les bacilles, ses hôtes, s'adapteront progressivement à ces variations, parce qu'elles seront continues; de même une cellule vivante s'adapte petit à petit à une eau de salure croissante ou décroissante. Le cas diffère cependant de celui de l'eau salée, en ce que les deux éléments, homme et bacille, sont tous deux vivants, c'est-à-dire tous deux susceptibles de variations; l'accoutumance sera donc réciproque et l'individu infecté s'habituera à la symbiose avec le bacille, de même que le bacille s'est habitué à la symbiose avec la substance d'homme ; les bacilles et les macrophages constitueront même une association particulièrement vigoureuse, un lichen qui, formé partiellement de substance d'homme, sera remarquablement à l'aise dans l'intérieur d'un homme.

Quand la symbiose aura duré très longtemps, on pourra considérer cette accoutumance réciproque comme parfaite. Supposons maintenant que l'homme, vieux tuberculeux, se reproduise, qu'il ait des en-

confond souvent sous cette appellation la faculté de se développer dans un individu et la toxicité pour cet individu des produits émanés du microbe.

fants : il pourra transmettre héréditairement à ses enfants, de même que ses autres caractères physiques ou chimiques, son accoutumance à la tuberculose. Bien plus, ce qui est vrai pour l'homme habitué aux bacilles étant vrai aussi pour les bacilles habitués à l'homme, on doit penser que les enfants du tuberculeux seront particulièrement aptes à être infectés par les bacilles provenant de leur père. Il faut donc considérer comme également importantes pour la tuberculisation les adaptations de l'homme au microbe et les adaptations du microbe à l'homme : vivant en famille dans leur jeune âge, les enfants auront justement plus de chances de se rencontrer avec les bacilles paternels.

Les différences individuelles entre les hommes sont faibles si on les compare aux différences spécifiques qui séparent les hommes des bœufs, des oiseaux ou des lézards. N'importe quel homme est plus ou moins susceptible d'être tuberculisé par n'importe quel bacille provenant d'un homme tuberculeux ; il y a seulement, chez les uns ou les autres, plus ou moins de facilité à contracter l'infection. Il n'en est plus de même s'il s'agit de bacilles qui ont acquis l'accoutumance à vivre dans un oiseau ou un bœuf. Plus l'animal sera différent de l'homme, plus il sera difficile que le bacille provenant de cet animal réussisse à s'implanter dans un homme.

Certains savants ont même nié la transmissibilité de la tuberculose du bœuf à l'homme ; d'autres ont prétendu que la tuberculose aviaire était due à un microbe d'espèce différente. Les considérations précédentes suffisent à faire comprendre l'origine de ces opinions ; un bacille d'oiseau est, par rapport à un homme, dans le cas d'une cellule d'eau douce vis-à-vis d'une eau très salée. Que l'on cultive ce bacille sur des milieux morts dans les laboratoires, il finira pas perdre son « accoutumance oiseau » et quelques-uns de ses descendants pourront s'implanter chez l'homme. Mais il est évident que la contagion directe est plus facile d'homme à homme que de bœuf à oiseau. Et cependant, si, par la consommation courante du lait, un homme a contracté souvent la tuberculose bovine, il est vraisemblable que ses fils seront assez aptes à contracter la tuberculose provenant du bœuf.

§ 33. — CONTAGION ET DANGER DE LA TUBERCULOSE

Quoique la tuberculose se rencontre dans la plupart des régions du corps de l'homme, c'est la tuberculose pulmonaire qui est célèbre ; il semble d'ailleurs que ce soit ordinairement sous cette forme que se manifeste l'affection, lorsqu'elle apparait pour la première fois dans une lignée ; les autres tuberculoses seraient plutôt l'apanage de ceux que l'hérédité a préparés à la contagion. Les crachats des tuberculeux pulmonaires contiennent des bacilles, plus ou moins nombreux suivant les cas ; ces bacilles survivent à la dessiccation, et les poussières de crachats en apportent les éléments dangereux, soit dans les poumons, soit dans l'intestin des hommes. Aujourd'hui on peut affirmer qu'il n'y a pour ainsi dire pas d'agglomération humaine un peu importante qui ne soit infestée de germes de tuberculose, sauf peut-être les sanatoriums bien tenus, qui, construits dans un endroit vierge, n'ont jamais été pollués par des crachats, grâce à l'usage bien surveillé du crachoir. Dans toute ville, dans tout village, surtout dans les maisons mal aérées, on a chance de rencontrer des bacilles dans les poussières ; il faut donc s'efforcer de ne jamais se trouver en état de réceptivité pour cette maladie. La mauvaise alimentation, le surmenage, les excès de toutes sortes, l'alcoolisme, sont considérés comme favorisant le développement de la tuberculose. Une fois qu'on est atteint, c'est à des règles empiriques d'hygiène que l'on a recours pour ne pas succomber ; on a constaté que le séjour des montagnes est favorable aux tuberculeux pulmonaires : certaines stations au bord de la mer, Berck, Roscoff, etc., semblent donner de bons résultats pour les tuberculoses osseuses ; ce sont là des faits que l'on constate sans essayer de les expliquer.

Pourquoi la tuberculose est-elle nuisible à l'homme ? Nous avons vu que la symbiose des protozoaires et des zoochlorelles est utile aux deux partis, hôte et parasite. Mais s'il y a symbiose entre le bacille de Koch et les macrophages dans lesquels il habite, cela n'empêche pas que le tubercule, résultat de cette symbiose, puisse être un obstacle à la coordination de l'homme qui le contient ; en outre, les substances excrémentitielles des bacilles de Koch, si elles ne semblent pas dangereuses pour les phagocytes, peuvent l'être pour tel ou tel autre tissu. Il y a lésion locale par le tubercule, et il y a intoxication générale par ses produits. Les deux phénomènes sont d'ailleurs tout à fait indépendants ; il faut distinguer la virulence du microbe au sens de son aptitude à végéter dans l'hôte, et sa virulence au sens de la toxicité de ses excréments. On voit des tuberculoses qui se développent rapidement, sans donner d'intoxication considérable et d'autres qui, au contraire, déterminent un empoisonnement violent pour une multiplication peu abondante des bacilles.

Il est nécessaire de tenir compte de ces deux facteurs distincts, lorsqu'on se propose de lutter contre les ravages de la tuberculose ; il faut savoir quels phénomènes sont dus à l'envahissement des organes par les tubercules, quels autres à l'empoisonnement par leurs produits déversés dans l'économie. Peut-on espérer que la gravité du fléau s'amoindrira, par l'accoutumance progressive de l'espèce humaine? On remarque souvent, à l'autopsie, de vieux signes d'invasion tuberculeuse chez des vieillards qui n'ont pas paru en souffrir sérieusement pendant leur vie. Nous constatons aujourd'hui la symbiose « phagocyte-bacille » ; est-il défendu de penser à la symbiose « homme-bacille » ? Les prodiges de l'habitude sont tels qu'il ne semble pas possible de limiter *a priori* le champ de l'accoutumance. Une coordination modifiée, non susceptible d'être dérangée désormais par la symbiose tuberculeuse, ne peut-elle s'obtenir à la longue et se transmettre héréditairement? Ne se produira-t-il pas un jour une race de « tuberculeux bien portants », de lichens « homme-bacille » dans lesquels le bacille de Koch sera non seulement inoffensif mais indispensable? Une difficulté pour la création de cette race privilégiée vient de ce que l'infection tuberculeuse ne semble pas se transmettre héréditairement ; seule, la prédisposition tuberculeuse se transmet ; il y a donc sans cesse interruption de l'infection et aussi de l'accoutumance ; et pour le moment, il vaut mieux, si l'on peut, éviter la contagion, plutôt que de compter sur la bénignité progressive d'une affection qui, à notre époque encore, cause dans l'économie humaine des ravages épouvantables.

§ 34. — IMMUNITÉ NATURELLE OU ACQUISE DANS LA TUBERCULOSE

Naturellement, on a cherché à appliquer à la tuberculose les méthodes fécondes de vaccination et de sérothérapie qui ont donné, pour les maladies aiguës, de si admirables résultats.

On a pensé d'abord à injecter aux hommes des liquides empruntés au milieu intérieur d'animaux chez lesquels la tuberculose est inconnue ; on pensait que l'immunité naturelle de ces animaux résidait dans une sorte de toxicité de leurs liquides internes pour le bacille de Koch, et que cette immunité pouvait être conférée à d'autres animaux par l'injection, en quantité suffisante, du sang ou du sérum des premiers. L'échec de ces essais a prouvé la vanité de cette interprétation simpliste ; il est d'ailleurs établi d'une manière générale, aussi bien pour les maladies aiguës que pour les maladies chroniques, que l'immunité *naturelle* d'une espèce n'est pas transportable dans son sérum ; il y a dans cette immunité un facteur vital que le sérum, liquide mort, ne peut communiquer.

Tout autre est le cas de l'immunité *acquise* par voie d'injections virulentes ou toxiques. On sait que, dans beaucoup de cas au moins, l'immunité, conférée artificiellement à un animal que l'on habitue progressivement à une infection, peut être transportée à un autre animal par l'injection d'un sérum emprunté au premier ; cette « sérothérapie » a rendu d'immenses services dans la diphtérie. On conçoit aisément la généralisation de cette méthode à toutes les affections aiguës ; ordinairement, en effet, un animal, qui est sorti victorieux d'une telle maladie, reste quelque temps réfractaire après sa guérison ; et cette immunité acquise est, dans certains cas, transportable dans le sérum.

Mais quand il s'agit de maladies chroniques du type de la tuberculose, comment concevoir une immunité acquise ? Le bacille de Koch n'est pas, dans l'homme, un ennemi qui lutte contre la substance de l'homme ; c'est un allié qui se développe avec l'aide du protoplasma des phagocytes: dans la tuberculose, au lieu de s'habituer à détruire le bacille de Koch, la substance humaine s'habitue à vivre én bonne intelligence avec lui ; c'est encore une habitude acquise, mais elle est d'un ordre tout opposé à l'immunité. Cependant, un phénomène très curieux, connu sous le nom de phénomène de Koch, montre chez certains animaux tuberculeux, non pas une immunité acquise à proprement parler, mais l'immunité contre une *nouvelle* infection[1].

---

1. METCHNIKOFF. *L'Immunité*, p. 457 : « Des cobayes tuberculeux auxquels on introduit sous la peau des bacilles de la tuberculose, réagissent vis-à-vis de ceux-ci d'une façon très particulière. La présence de ces microbes provoque aussitôt une forte inflammation au point d'innoculation, qui détermine l'expulsion de ces bacilles avec l'exsudat. Il se produit une escarre volumineuse qui entraîne avec elle, en tombant, un quantité de bacilles. Ce processus n'est suivi, ni de la formation d'un ulcère permanent, ni de l'hypertrophie des ganglions voisins. Comme dans la syphilis, l'organisme a acquis l'immunité contre la réinfection par le virus tuberculeux, ce qui n'empêche nullement la première inoculation de se généraliser et de provoquer la tuberculose mortelle de tous les organes »,

Il faut voir dans ce phénomène, non pas quelque chose d'analogue à l'histoire d'un vainqueur qui sort aguerri d'une lutte comme dans les maladies aiguës, mais plutôt une alliance exclusive qui n'admet pas de nouvel allié, une « duplice » qui ne veut pas[1] devenir « triplice ». Les bacilles nouveaux que l'on inocule à l'animal infecté sont des bacilles quelconques, tandis que les bacilles préexistant dans cet organisme sont, non seulement adaptés à lui depuis longtemps, mais encore étroitement associés à des éléments cellulaires de l'hôte ; il y a entente parfaite, et l'on n'accepte pas de nouveaux convives ; la table est pleine ! Quoi qu'il en soit, on ne saurait, dans cette immunité contre une nouvelle infection, chercher un traitement préventif de la tuberculose, puisque l'animal doué d'une telle immunité meurt cependant de la tuberculose. Le phénomène de Koch présente surtout un intérêt théorique, en nous montrant une fois de plus que les questions de virulence et de réceptivité sont *personnelles* : Pierre Cobaye est infecté par Jean Bacille, mais ne saurait l'être par un de ses cousins germains, Paul ou Jacques Bacille, ayant vécu jusque-là chez l'homme.

Ce n'est donc pas, semble-t-il, du côté de l'immunité acquise qu'il faut chercher la médication antituberculeuse. Mais, dans l'histoire des maladies aiguës, nous trouvons des exemples d'autres phénomènes, qu'il serait possible d'exploiter. Pour préparer du sérum antidiphtérique ou antitétanique, on peut s'adresser à des animaux qui ne sont aucunement sensibles aux toxines de la diphtérie ou du tétanos. Que l'on injecte

---

1. Ou ne peut pas.

de la toxine tétanique à l'un de ces animaux et il pourra la « digérer » dans son intérieur sans en être incommodé ; seulement, chose très importante, cet animal qui a digéré sans effort la toxine tétanique aura, par là même, fabriqué dans son sérum quelque chose qui, inoculé à un animal sensible, le rendra réfractaire à cette toxine : de même quand, au lieu d'une toxine, on injecte un microbe à un animal réfractaire à ce microbe, le microbe est digéré et le sérum de l'animal devient capable de rendre réfractaires les animaux dépourvus d'immunité naturelle.

Ces deux particularités, déjà fort remarquables, le deviennent encore plus quand on constate que l'immunité acquise contre un microbe est différente de l'immunité acquise contre la toxine du microbe ; et cela d'ailleurs n'est pas surprenant, car, nous l'avons vu, le fait de digérer un microbe est tout autre que le fait de digérer sa toxine ou ses excréments, comme le fait de digérer un morceau de viande de vache est différent de celui de digérer son lait.

On a pu songer à exploiter dans la tuberculose cette fabrication, par des animaux naturellement réfractaires, de sérums conférant l'immunité ; mais il faut remarquer immédiatement que, quand il s'agit d'une affection symbiotique, le mot immunité n'a plus la signification qu'il a dans le cas des affections aiguës, où il y a lutte efficace et non alliance. Un sérum qui serait utile à un animal dans une lutte contre un envahisseur n'a plus de raison d'être actif quand il s'agit de signer un traité de paix. En outre, nous avons constaté que l'on doit considérer comme parasite, dans une tuberculose établie, non pas le bacille de Koch lui-même, mais le lichen, l'association formée du bacille et du phagocyte. Un sérum qui serait capable de détruire ce lichen formé pour moitié de substance d'homme ne serait-il pas fatal à l'homme ? En d'autres termes, les conditions de vie de la substance d'homme et de la substance de bacille étant tellement semblables, est-il possible de réaliser des conditions défavorables à l'une de ces substances sans qu'elles soient également mortelles pour l'autre ?

Tout cela n'est pas consolant, et il ne semble guère que les méthodes convenables aux maladies aiguës puissent fournir la solution du problème de la tuberculose. Cependant, nous ne devons pas oublier que l'action nuisible du bacille comporte deux phénomènes tout à fait distincts : d'une part, la destruction mécanique de la coordination de l'homme par la multiplication des tubercules, d'autre part l'influence toxique, sur les divers tissus de l'homme, des excréments du parasite tuberculeux. Si, dans certains cas, l'effet nuisible de la toxine est le plus important, on pourrait songer à fabriquer, par digestion dans un animal réfractaire, un sérum capable de lutter contre cette toxine. Mais ce sérum ne s'opposerait nullement à la prolifération des bacilles de Koch dans l'organisme ; il la favoriserait même peut-être, étant donné le véritable antagonisme que l'on constate ordinairement entre une cellule et ses excréments. Les expériences faites dans ce sens n'ont pas donné de résultat bien net, parce que leurs auteurs ne s'étaient pas posé avec précision le problème à résoudre ; ils avaient peut-être espéré une destruction du bacille, alors qu'il ne pouvait être question que d'une action antitoxique.

Une autre confusion s'est manifestée dans les remarquables expériences de Koch. On n'a pas oublié la nouvelle retentissante qui révolutionna le monde scientifique, il y a une quinzaine d'années : le remède à la tuberculose était trouvé ! Malheureusement, l'expérience ne confirma pas l'assertion du savant allemand ; mais sa *tuberculine* continue à jouer un rôle important dans les études relatives à la terrible maladie.

La tuberculine de Koch est un extrait glycériné de cultures du bacille de la tuberculose ; mais cet extrait glycériné ne contient pas seulement les excréments du bacille, il en contient même peut-être extrêmement peu ; il résulte d'une trituration des corps des bacilles ; il ressemblerait plutôt au jus de viande qu'à l'urine du bœuf. Que cet extrait glycériné de bacilles écrasés possédât quelques-unes des propriétés spécifiques du bacille vivant, c'est ce qu'on n'aurait pas pu affirmer *a priori*, car on ne sait jamais *a priori* si telle particularité d'une substance vivante est transportable dans un liquide extrait de cette substance. Mais l'expérience a prouvé que ce liquide, cette « lymphe de Koch » a une action remarquable sur les régions tuberculeuses ; seules, en effet, les régions envahies par le bacille « réagissent » à l'injection de la tuberculine, et c'est même un bon procédé de diagnostic précoce de la tuberculose chez les bestiaux.

La réaction particulière des régions envahies par le bacille, lorsqu'on injecte la tuberculine à un malade, peut se rapprocher du phénomène de Koch dont nous parlions tout à l'heure, et dans lequel un individu infecté se montre réfractaire à une nouvelle infection. Il y a là toute une série de questions complexes et

qui tiennent aux problèmes les plus ardus de la
biologie générale. Il est possible que, dans peu de
temps[1], une méthode nouvelle nous arme contre les
ravages de la tuberculose ; c'est au moment même où
l'on constatait les difficultés presque insurmontables
d'une lutte contre la diphtérie ou le tétanos que la
sérothérapie a été découverte ; mais il est vraisemblable qu'il faudra pour cela une méthode nouvelle et
que les essais tentés avec les procédés applicables aux
maladies aiguës resteront sans résultat.

§ 35. — L'AVENIR DE LA TUBERCULOSE CONSIDÉRÉE COMME SYMBIOSE

En attendant que la question de la tuberculose
entre dans la voie scientifique, ne négligeons pas les
mesures d'hygiène que nous suggèrent les découvertes
empiriques. Nous savons que presque tous les milieux
habités par les hommes sont infectés de tuberculose ;
évitons que cette infection devienne plus considérable
et prescrivons l'usage méticuleux du crachoir. De
plus, puisqu'il y a de la contagion à craindre presque
partout, n'oublions pas que toutes les causes d'affai-
blissement prédisposent à la contagion ; vivons autant

---

1. Au moment même où ces lignes paraissaient à la *Revue de
Paris*, le professeur Behring annonçait au congrès de la tuberculose qu'il avait obtenu la solution du problème. Les expériences
sont actuellement en cours ; mais il suffit de lire la communication
du célèbre professeur pour voir que le produit dont il attend la
cure de la tuberculose est précisément cette *activité morphogène*,
cette *diastase formative* dont j'ai parlé plus haut (v. p. 92) et qu'il
a pu rendre transportable dans un liquide mort. Attendons la fin
des expériences et constatons seulement ici l'intérêt théorique de
la question. (V. *Introduction à la Pathologie générale*, op. cit.,
pp. 355-359.)

que possible dans des milieux bien aérés, puisque nous savons que l'aération nous est utile.

La question de l'hérédité de la maladie est discutée, et il est à peu près certain, en effet, que le bacille ne se transmet jamais de père en fils, mais il est vraisemblable aussi que l'accoutumance acquise se transmet et que les enfants de tuberculeux sont plus facilement tuberculisables ; les enfants vivant avec les parents, on peut toujours se demander s'il y a réellement, chez eux, prédisposition, ou si, simplement, vivant dans un milieu plus particulièrement infecté, ils ont plus de chances de contamination ; nous avons vu que l'hérédité de la prédisposition rendrait même plus particulièrement dangereux pour les enfants les bacilles provenant de leurs parents. Mais, pour être plus aptes à acquérir la maladie, les descendants de tuberculeux ne sont-ils pas aussi plus habitués à ses dangers et plus capables d'y résister ? L'humanité n'est-elle pas en train de devenir, sous l'influence du développement considérable du fléau, une humanité nouvelle dans laquelle le bacille de Koch serait pour nous un commensal anodin ou même utile ? Il y a lieu de l'espérer, sans quoi l'avenir serait bien sombre ; le nombre des gens atteints est si considérable qu'on se demande vraiment quelle médication nouvelle suffirait à sauver l'espèce.

De même que pour les maladies aiguës, l'hygiène individuelle serait, dans le cas de l'accoutumance progressive, en opposition avec l'hygiène spécifique. Peut-être certaines espèces sont-elles aujourd'hui réfractaires à certains microbes, parce que leurs ancêtres, ne prenant aucune précaution hygiénique, ont été décimés par ces microbes et que la sélection naturelle n'a conservé que les individus ayant acquis l'immunité. Dans le cas des maladies chroniques, il faudrait au contraire que tout le monde fût atteint ; il n'y aurait pas d'immunité d'espèce, mais seulement une accoutumance ; et par conséquent les individus qui, par l'emploi des précautions requises, évitent la tuberculose, nuiraient au progrès général ! C'est là, aujourd'hui encore, du pur roman, mais il est permis de se leurrer d'espérances chimériques quand la réalité paraît trop douloureuse.

CHAPITRE VII

La symbiose nécessaire.

§ 30. — LES ORCHIDÉES, PLANTES INCOMPLÈTES, ONT BESOIN D'UN CHAMPIGNON POUR VIVRE

La tuberculose, maladie chronique, est, encore aujourd'hui, nuisible à la plupart des hommes qui en sont atteints; chez quelques-uns, elle paraît tout à fait anodine, mais dans aucun cas elle ne se montre utile à l'organisme humain. Il y a au contraire des maladies chroniques qui semblent être une condition *indispensable* de la vie même de certains êtres; des exemples d'une telle association ont été récemment signalés par Noël Bernard, en particulier chez les orchidées. Les travaux de ce jeune et brillant savant ont une portée philosophique considérable, et l'on peut espérer que ses patientes recherches résoudront des problèmes fondamentaux de la biologie végétale.

Le rôle morphogène de certains parasites est connu depuis longtemps: toutes les particularités connues sous le nom de caractères mendéliens[1] ou caractères

---

1. J'ai longuement parlé de ces caractères mendéliens dans *Les Influences ancestrales, op. cit.,* § 56.

discontinus peuvent, jusqu'à nouvel ordre, être attribuées à des parasites symbiotiques des espèces qui présentent ces caractères; du moins, la distribution de ces caractères aux descendants des unions croisées des individus qui en sont pourvus s'interprète-t-elle aisément dans l'hypothèse qu'ils sont dus à de tels parasites; aussi ai-je proposé de leur attribuer la dénomination générale de *diathèses*.

Malheureusement, dans tous les cas de caractères mendéliens, le parasite qui en serait la cause n'a encore pu être mis en évidence; on peut se dire, pour s'en consoler, que ce parasite appartient à la catégorie de plus en plus nombreuse des microbes invisibles; combien de maladies bien connues dont nous n'avons jamais vu le microbe et qui, néanmoins, sont sûrement microbiennes !

Les variations brusques ou *mutations* récemment étudiées par De Vries, trouveraient aussi, dans cette hypothèse d'un parasite symbiotique, une interprétation très séduisante[1]; mais, précisément, pour les orchidées, ce parasite symbiotique existe; il est visible et a été cultivé; pourquoi donc ne considérerait-on pas les travaux de Bernard comme ayant précisément fourni l'exemple cherché d'un caractère mendélien dont l'agent déterminant est visible et cultivable ?

Noël Bernard avait d'abord cru que le champignon symbiotique indispensable était le même pour toutes les orchidées; il avait en effet obtenu un même champignon, en cultures pures, à partir d'orchidées appartenant aux genres Cypripedium, Cattleya et Spiranthes;

---

1. V. *Introduction à la Pathologie générale, op. cit.,* § 42.

des graines d'orchidées d'autres genres, comme Lœlia et Bletia, semées avec ce champignon à l'exclusion de tout autre microorganisme, avaient donné des plantules normales, régulièrement infestées.

En continuant ses recherches, le même auteur a reconnu que d'autres orchidées peuvent être infestées par des espèces différentes de champignons, et cela lui a permis de faire des remarques qui me paraissent être précisément du même ordre que les observations de De Vries sur les variations brusques; avant de signaler ces remarques, voyons d'abord les résultats généraux obtenus relativement à la nécessité d'une infection symbiotique pour les orchidées; j'emprunte ces renseignements au mémoire de M. Bernard (*Recherches expérimentales sur les orchidées. Rev. gén. de Botanique*, 1904.)

Dans le groupe si vaste des orchidées, l'on trouve des types qui diffèrent les uns des autres au point de vue de la *nécessité* du champignon endophyte pour la végétation; on peut cataloguer les espèces en une série de nécessité décroissante; depuis les *Cypripedium* dont les graines ne sont capables d'aucun développement en milieu aseptique, jusqu'au *Bletia hyacinthina* qui, en culture pure et sans champignon commensal, se développe jusqu'à donner quelques feuilles, une tige et des poils absorbants. Chose curieuse, chez ce dernier type, la jeune plante, non seulement se développe sans champignon, mais ne peut être infestée par l'endophyte spécifique avant un certain âge; quand cet âge est atteint l'infestation par l'endophyte donne un coup de fouet au développement.

A mi-chemin entre ces deux types extrêmes, *Cypri-*

pedium et *Bletia*, se trouve le *Cattleya* dont les graines peuvent commencer à se développer sans champignon, mais s'arrêtent bientôt à un état de *sphérule* dont la plante feuillée ne peut provenir qu'à la suite d'une infestation.

L'existence de ces types si différents vis-à-vis de la nécessité du champignon endophyte nous permet de comprendre la genèse ancestrale d'un caractère aussi curieux que celui d'être incomplet par soi-même et d'avoir besoin d'un associé pour se développer. Il est vraisemblable que les orchidées étaient autrefois des plantes comme les autres; elles ont été infectées par des champignons qui s'y sont trouvés à l'aise comme les zoochlorelles dans les paramécies; il y a eu échange de bons procédés entre les deux commensaux et, finalement, une division du travail assimilateur s'est faite entre eux au point que le *Cypripedium*, par exemple, a perdu petit à petit la possibilité de vivre tout seul. Dans d'autres espèces, l'habitude n'est pas encore fixée au point d'être devenue un caractère indispensable.

Quand la symbiose est devenue *nécessaire* comme chez le Cypripedium, nous trouvons là un exemple bien intéressant au point de vue de la lutte universelle. Non seulement les deux commensaux sont adaptés l'un à l'autre au point de ne plus lutter le moins du monde, l'un contre l'autre, mais encore ils ont besoin de s'entr'aider pour triompher du milieu; leur association est bien plus intime que celle de l'homme et du chien.

Le champignon n'a pas perdu comme l'orchidée la faculté de vivre seul; il est resté capable de se cultiver par lui-même sur des milieux nutritifs, de vivre à l'état de saprophyte. Et, comme on devait s'y attendre, en vivant longuement à l'état saprophyte, il perd une partie au moins de son adaptation, de sa virulence, dirions-nous volontiers par comparaison avec les microbes parasites des animaux ; ils ne peuvent plus faire germer les graines d'orchidées ! Ce résultat, non encore publié, m'a été communiqué directement par Noël Bernard.

§ 37. — LA MUTATION, OU VARIATION BRUSQUE, CHEZ LES ORCHIDÉES VIVANT EN SYMBIOSE AVEC DES CHAMPIGNONS

Voici maintenant les faits qui, à mon avis, correspondent à des cas de mutation ou variation brusque, mais avec un parasite visible et cultivable. M. Bernard ayant isolé, à partir de plusieurs espèces différentes d'orchidées, trois espèces bien distinctes de champignons endophytes, a cherché à réaliser le développement d'une même orchidée sous l'influence de deux champignons différents. Certaines symbioses, comme celles de *Phalænopsis* ou de *Vanda* avec l'endophyte de *Cattleya* lui ont paru impossibles, et cela n'est pas pour nous étonner ; il se peut que ce ne soit qu'un défaut d'adaption analogue à celui qui résulte d'une culture saprophytique prolongée.

Les cas où la symbiose a été possible sont plus instructifs[1].

Soit une espèce d'orchidée A que nous savons faire pousser en symbiose avec deux champignons *m*

---

1. N. BERNARD. « Symbiose d'orchidées et des divers champignons endophytes. » *C. R. Ac. d. sc.*, 2 janvier 1906.

et *n*. Nous devons prévoir, et c'est justement ce que l'expérience a démontré, que, le champignon ayant une influence morphogène sur le développement d'ensemble, l'orchidée $(A \times m)$ sera différente de l'orchidée $(A \times n)$. Voilà donc une plante dont l'hérédité orchidée n'a pas varié et qui, néanmoins, construit des types morphologiques différents sous l'influence de deux commensaux différents.

Cela me confirme dans cette idée que les mutations brusques observées par De Vries dans des plantes phanérogames peuvent être dues à l'introduction, au changement, ou à la disparition d'un commensal qui n'a pas encore été isolé dans les laboratoires. La culture de l'orchidée A avec les deux champignons *m* et *n* réalise une mutation expérimentale, qui ne diffère de celles de De Vries que par le caractère visible et cultivable du parasite. De même, la bactéridie du charbon, facile à voir et à cultiver, nous a permis de comprendre la nature de la variole dont l'agent nous est demeuré inconnu.

Avant de clore cette étude de la paix armée, il est encore une remarque qui mérite d'être faite.

Dans la tuberculose, il nous a semblé que le tubercule lichen se développait plus abondamment que des phagocytes normaux n'eussent pu le faire. Au contraire, l'animal, considéré dans son ensemble, souffrait plutôt de l'infection par le bacille de Koch. En d'autres termes, la symbiose paraissait *cellulaire*.

Tout autre est le cas des orchidées; l'action favorable de l'infection par les champignons endophytes se fait sentir sur l'ensemble de la plante, tandis que les cellules infectées elles-même sont condamnées à mort; il y a là une action à distance fort remarquable; certaines cellules, envahies par le champignon, cessent de s'accroître et de se multiplier, mais le résultat de l'infection se fait sentir sur des tissus plus ou moins éloignés qui manifestent, comme contre-coup de l'infection locale, une activité prolifératrice particulière.

CHAPITRE VIII

Les facteurs de la vie.

§ 38. — LA VIE, LUTTE DE DEUX FACTEURS

Le résumé de tous les faits que nous avons étudiés jusqu'à présent est que la vie d'un être se manifeste à nous comme une lutte constante de deux facteurs. L'un de ces facteurs est celui que l'on appelle le corps de l'être vivant, et auquel bien des philosophes croient pouvoir limiter l'activité vitale de cet être. L'autre est le milieu ambiant avec ses substances alimentaires ou nuisibles. En réalité, ces deux facteurs sont inséparables et il est impossible de concevoir la vie autrement que comme le résultat de leur lutte continuelle.

On donne le nom d'hérédité au sens large, à l'ensemble des qualités que transporte avec lui le corps vivant à travers les variations de l'ambiance; on donne le nom d'éducation, pour l'individu, à la succession des ambiances qu'il a traversées depuis sa naissance. Aucun événement n'a été indifférent dans cette série de luttes qui ont été les phénomènes de la vie individuelle, et l'on peut affirmer que, l'être actuel, porte, plus ou moins profondément imprimée dans sa substance, la trace de toutes les luttes passées. Même en dehors du domaine de la vie, nous retrouvons cette vérité générale :

Un phénomène actuel, ce sont plusieurs passés qui luttent.

Car un phénomène est une lutte de facteurs, et chaque facteur est, en vertu du déterminisme général, le produit du passé.

J'ai consacré un volumineux ouvrage[1] à l'étude des phénomènes d'ensemble de la vie, et surtout à celle de la trace que laisse le passé dans le présent et le futur des êtres vivants : je ne reviens pas ici sur cette passionnante question de l'hérédité des caractères acquis : c'est là, je l'ai déjà fait remarquer plus haut, la rançon du triomphe. L'être vivant continue de vivre dans des conditions nouvelles en s'adaptant à ces conditions ; il reste vivant, mais il devient sans cesse différent de ce qu'il était précédemment, ce que l'on pourrait exprimer d'une manière paradoxale et frappante (si l'on considérait, comme on le fait machinalement dans le langage ordinaire, que la vie individuelle est la prolongation d'une même personnalité avec *tous* ses caractères) en disant : « Nous passons notre vie à mourir ! » Ceci serait même tout à fait vrai, si l'on se plaçait au point de vue subjectif, et si l'on pensait aux mentalités successives d'un même individu. « Si nous avions la forme de nos pensées, qui nous reconnaîtrait[2] ? »

---

1. *Traité de Biologie.* Paris, Alcan.
2. V. les considérations sur la mort dans *Le Conflit*, ch. IV. Lib. Colin.

Le point sur lequel je veux insister encore une fois, c'est que le corps vivant ne peut être considéré comme ayant en lui-même sa vie ; sa vie résulte d'une lutte constante entre son corps et le milieu ; le corps essaie d'assimiler le milieu, le milieu tend à détruire le corps ; le corps triomphe, mais avec de petites concessions ; il y a une lutte constante de l'hérédité conservatrice et de l'éducation révolutionnaire. Seulement, l'éducation ne peut sortir de certaines limites ; elle est guidée par l'hérédité, sous peine de mort pour l'individu, et c'est cela qui rend impossible les variations trop brusques.

Et, comme tous les caractères de l'individu sont le résultat de sa vie, il devient absurde de penser que ces caractères sont, dans leur intégrité, représentés dans l'œuf d'où sortira l'individu. L'œuf n'est qu'*un* des facteurs de la construction de l'organisme, mais, à cause de la clause « sous peine de mort » dont je viens de parler, ce facteur limite les aberrations possibles dans l'évolution d'un être qui ne meurt pas.

Voici une comparaison un peu grossière qui fera comprendre cette relation de la forme individuelle et de l'hérédité de l'œuf. Une balance de Roberval est en équilibre ; on ne peut savoir quelle est la position qu'elle prendra, si l'on ajoute un petit poids dans l'un des plateaux sans savoir ce qu'on met en même temps dans l'autre plateau ; on ne peut connaître un équilibre, si l'on ne connaît qu'un des facteurs de l'équilibre. On sait seulement que, tant que la balance sera balance, tant qu'elle sera sensible à de petites additions de poids dans l'un ou l'autre plateau, sa position sera entre des limites qu'il est facile d'établir par le contact de l'un ou l'autre des plateaux avec le bâti de fonte. Entre ces limites, la balance sera susceptible d'être employée comme balance; elle sera comparable au corps en vie. En dehors de ces limites, elle ne sera plus sensible, ce ne sera plus une balance proprement dite capable d'osciller sous l'influence de l'addition d'un centigramme.

Ce qu'on peut appeler, dans un langage très imagé, l'hérédité de la balance, sa construction, permettra de prévoir qu'elle conservera ses qualités de balance entre les deux positions extrêmes déterminées par le contact de chaque plateau avec le bâti; de même l'hérédité de l'homme permettra d'affirmer que, tant qu'il ne sera pas mort, il se placera entre certaines limites qui sont déterminées par son hérédité. Mais ce sera tout; on ne pourra pas affirmer, ne connaissant pas l'éducation de l'individu, qu'il a tel ou tel caractère rigoureusement défini; pour la balance sensible, non plus, on ne saura pas sa position rigoureuse d'équilibre, si l'on ne connaît que le poids placé sur l'un des plateaux; on saura, puisque la balance est demeurée sensible, qu'elle reste entre les deux limites où sa sensibilité est détruite; on ne saura pas quelle est sa position rigoureuse. On ne peut connaître le résultat d'une lutte si l'on ne connaît que l'un des agents de la lutte.

§ 39. — LES VICTOIRES PARTIELLES DU MILIEU

Nous avons vu que le triomphe de l'être vivant est amoindri à cause d'une adaptation nécessaire aux variations du milieu; et même, par les organes des sens, le milieu impose momentanément son image à l'homme; par les yeux, son image visuelle; par les oreilles, son image auditive ; par le nez, son image olfactive, etc... Mais ce n'est là qu'un triomphe momentané ; il devient seulement durable par le *souvenir* qui entre dans la catégorie des phénomènes d'hérédité physique[1]. Je ne veux pas m'étendre ici sur cette question qui prêtera à des développements faciles, mais je profite de l'occasion pour signaler une fois de plus une puérilité qui se trouve dans les traités de physiologie les plus répandus. On a pu s'assurer que le système optique de l'œil produit sur la rétine une image renversée des objets extérieurs et l'on s'est demandé comment nous avons fait pour en tirer une vision droite. C'est simplement que, regarder avec sa rétine, une image qui est imprimée dessus, cela n'équivaut pas à regarder avec son œil l'image imprimée sur la rétine d'un autre. Et voilà tout ! Notre éducation spécifique nous a conduits à connaître, par l'intermédiaire de nos organes des sens, les événements qui, dans notre ambiance, intéressent la conservation de notre vie ; notre connaissance est faite d'expériences ancestrales[2] et c'est pour cela que nous voyons les objets droits et non renversés.

Mais justement, nous ne pouvons nous passer de nos organes des sens pour la conservation de notre vie ; c'est encore une des raisons qui nous assujetissent au monde extérieur ; c'est une des raisons pour lesquelles nous sommes forcés de nous adapter et d'évoluer, renonçant, pour vivre, au triomphe absolu.

---

1. V. *Introduction à la Pathologie générale*, op. cit., ch. viii.
2. V. *Les Influences ancestrales*, op. cit.

§ 40. — LE THÉORÈME MORPHOLOGIQUE

L'assimilation, qui est l'expression du triomphe parfait de l'être vivant sur le milieu, se traduit forcément par une conquête d'espace ; cet espace conquis est limité ; il a une forme ; cette forme est ce qui nous frappe le plus dans les individus ; c'est à la forme que nous reconnaissons nos semblables par le moyen de nos yeux.

Les expériences grossières que l'on appelle *expériences de mérotomie*, ont permis d'affirmer qu'il y a un rapport établi entre la forme spécifique des êtres et leur composition chimique héréditaire[1], dans des conditions données de milieu. C'est là le théorème morphologique par excellence.

Pour les êtres supérieurs on peut même supprimer la restriction « dans des conditions données de milieu », car la conservation de la vie limite en général ces conditions de telle manière que la forme du corps est fatalement déterminée, s'il est vivant.

Exprimée de cette manière, cette loi morphologique, manque de rigueur ; pour se plier aux éventualités extérieures, le corps de l'animal se déforme en effet sans cesse, dans ce que nous appelons ses mouvements propres. Nous reconnaissons néanmoins l'animal à travers ces déformations à cause de quelque chose qui subsiste en lui et qui frappe nos organes des sens ; mais cependant, nous ne pouvons définir géométriquement sa forme extérieure pour donner au théorème un exposé vraiment précis.

1. V. *Traité de Biologie*, op. cit., ch. III, § 9.

Il y a d'ailleurs un facteur d'équilibre qui joue un rôle statique dans la détermination de la forme de l'individu ; c'est le squelette, ensemble de parties mortes plus ou moins solides, et qui reste, dans l'être vivant aujourd'hui, comme un souvenir de ses transformations passées, de son développement embryologique ; l'existence du squelette n'est jamais un facteur négligeable ; son importance varie néanmoins dans les différentes espèces. Dans quelques-unes, on peut considérer qu'il *impose* sa forme à l'ensemble de l'animal, que l'animal n'est qu'un squelette habillé de substances protoplasmiques. Alors, l'énoncé du théorème précédent n'a plus de signification, puisque le même squelette, habillé de substances mortes, aurait la même morphologie.

Cela, joint à l'impossibilité de donner une définition géométrique rigoureuse de la forme d'un corps vivant qui se déforme à chaque instant en se mouvant, nous amène à décomposer le théorème en deux parties par la considération, d'ailleurs très logique, d'une autre forme individuelle plus élémentaire que la forme géométrique d'ensemble, et que l'on peut appeler l'état protoplasmique. Malheureusement nous ne savons pas décrire l'état protoplasmique par le moyen de mesures et de coefficients ; nous savons seulement, d'après les expériences d'assimilation physique, de digestion, dont j'ai parlé précédemment, que cet état protoplasmique est *spécifique*. Nous en sommes assurés par la constatation de la réaction *spécifique* d'un organisme auquel on injecte des globules de sang d'oie et dont le sérum devient hémolytique pour le sang d'oie. Il y a bien une complication qui provient de l'existence de plusieurs tissus dans l'animal supérieur, de l'existence de plusieurs modalités dans l'état physique du protoplasma d'oie par exemple, mais nous savons que le caractère « protoplasma d'oie » se manifeste malgré tout à travers ces modalités diverses et que le sérum hémolytique pour du sang d'oie ne l'est pas pour du sang de vache.

Parlons donc de cet état protoplasmique spécifique ; il nous permet d'établir une étape entre la substance chimique élémentaire et l'animal tout entier, et de décomposer notre théorème morphologique en deux parties : 1° Il y a un rapport entre la composition chimique de l'être vivant et son état protoplasmique. 2° Il y a un rapport entre l'état protoplasmique de l'être vivant et sa forme spécifique.

Cet état protoplasmique spécifique, on peut l'appeler la *forme élémentaire* de l'animal, la forme de la plus petite unité vivante de l'animal, sa particularité spécifique d'état colloïde. Il est facile de voir comment l'on tirera parti de ce théorème ainsi dédoublé ; la première partie est rigoureuse ; la deuxième est approchée ; c'est la première qui nous intéresse le plus.

L'acquisition d'un caractère nouveau par le patrimoine héréditaire d'un être se concevra ainsi comme un phénomène à deux degrés : 1° retentissement de la variation morphologique d'ensemble sur l'état protoplasmique auquel est liée la forme totale ; 2° retentissement de la variation résultante d'état protoplasmique sur le chimisme même de la substance vivante[1].

La première partie du théorème est celle qui nous intéresse le plus ici ; nous pouvons la traduire de la manière suivante : toute substance vivante chimique-

---

1. J'ai étudié cette question dans *Introduction à la Pathologie générale*, ch. XXI.

ment définie ne peut être vivante qu'à un état physique également défini. C'est là la traduction rigoureuse des expériences de mérotomie exécutées sur les protozoaires. Et l'on voit aisément quelle importance philosophique considérable a le théorème morphologique fondamental, lorsqu'on la présente de cette façon ! Déjà, à propos de l'interversion du sucre par la sucrase, nous avons constaté que le saccharose ne peut être saccharose qu'à un certain état physique incompatible avec la vie de l'aspergillus niger ou de la levure; le premier résultat de l'assimilation physique d'une solution de succharose par un de ces êtres vivants est de transformer chimiquement le sucre de canne en sucre interverti ! Voilà donc une substance chimiquement définie, le saccharose, qui, en solution aqueuse, ne peut exister qu'à un certain état physique ; on conçoit, dans ce cas, un retentissement du physique sur le chimique. Les substances vivantes semblent être toutes dans ce cas, et c'est pour cela qu'on a pu dire qu'elles sont d'une chimie spéciale ; nous étudierons dans la deuxième partie de l'ouvrage, cette question de chimie et de physique qui ne saurait trouver sa place ici puisqu'elle n'est pas particulière aux corps vivants et se pose aussi chez certains corps bruts. L'état colloïde se trouvera toujours à cheval sur la physique et la chimie.

§ 41 — LA DIVISION DU TRAVAIL PHYSIOLOGIQUE

On considère ordinairement comme un élément nécessaire du progrès individuel la division du travail physiologique, et l'on donne en général, dans les traités, un énoncé finaliste de cette constatation. Il est assez facile de comprendre la véritable signification de cette division du travail en tenant compte des remarques faites dans les chapitres précédents. Si l'on applique le langage de la lutte à la narration des faits généraux de la vie, on s'aperçoit aisément que la division du travail est une conséquence naturelle de l'assimilation fonctionnelle.

Les organes n'ont, avons-nous dit, qu'une définition physiologique ; on ne peut définir l'organe que par la fonction qu'il remplit. D'autre part, les fonctions sont des parties arbitrairement limitées de l'activité d'ensemble de l'organisme ; une fonction peut-être considérée comme la lutte partielle de l'organisme contre un ennemi envisagé à part. En réalité, en dehors de l'organisme lui-même, tout, dans le milieu, est ennemi de l'organisme, et la vie n'est que la lutte triomphale de l'être vivant contre les facteurs du milieu. Lorsque dans le milieu, il y a un être vivant ou une diastase émanée d'un être vivant, ces corps bien définis délinissent rigoureusement des fonctions, savoir, la lutte précise de notre organisme contre chacun d'eux. Or, dans ces cas où le choix des fonctions partielles n'est plus arbitraire, nous savons que lorsque l'individu attaqué est vivant, il réagit *spécifiquement* par rapport à un ennemi, c'est-à-dire qu'il fait exactement ce qu'il faut pour résister à l'attaque de l'ennemi considéré et non d'un autre. S'il s'agit d'une diastase par exemple, il produit précisément ce qu'il faut pour désarmer cette diastase ; ce faisant, il définit un organe, c'est-à-dire une partie bien déterminée de son mécanisme, et le définissant il le crée en quelque sorte par l'assimilation fonctionnelle qui développe toutes les parties en train de fonctionner.

Ce n'est là qu'une manière de parler car, en aucun cas, l'organisme ne peut agir avec des outils autres que ceux qu'il possède déjà ; mais il met en œuvre ceux dont il a précisément besoin pour le cas considéré et, les mettant en œuvre, il les développe au point d'en faire un ensemble qui devient marquant dans son organisme ; il les développe naturellement aux dépens d'autres parties de lui-même, ce que l'on exprime en disant qu'il y a balancement.

C'est ainsi que, attaqué par une diastase et l'ayant vaincue, la cellule reste ensuite capable de fabriquer pendant longtemps, alors qu'elle n'en a plus besoin, ce qu'on appelle l'antidiastase correspondante. Elle a acquis un organe nouveau, en développant, au degré qu'il faut, certaines parties de son mécanisme.

Supposons qu'un simple cellule d'une espèce donnée ait, depuis de longues générations, l'habitude de lutter sans cesse contre trois ennemis bien déterminés et toujours les mêmes ; elle aura dans son mécanisme trois organes bien définis, dont chacun produira la diastase qu'il faut pour résister à chacun de ces trois ennemis. Nous dirons que chez elle, il y a division du travail physiologique et, ce disant, nous ne ferons qu'affirmer la possibilité pour nous observateur, de décrire à part trois de ses fonctions naturelles.

Dans une cellule, la définition d'organes tels que ceux dont nous venons de parler n'entraîne pas ordinairement de conséquence morphologique ; il n'en est plus de même pour les animaux supérieurs ; chaque organe bien défini comprend une ou plusieurs de ces parties distinctes que, dans l'anatomie externe des corps vivants, on appelle des appendices. Tels sont les bras des hommes, les jambes des chevaux, les appendices des crustacés. Si une fonction est définie de telle manière qu'elle occupe surtout certains appendices à l'exclusion des autres, il arrivera naturellement que ces appendices subiront à la longue des modifications en rapport avec la fonction exécutée.

Observons une écrevisse par exemple.

L'écrevisse comprend un grand nombre de segments disposés en série, et entre lesquels une homologie est évidente; c'est-à-dire que, ayant fait au moyen de certains mots la description de l'un de ces segments ou métamères et de ses appendices, on pourra, en se servant des mêmes mots, faire la description de tous les autres segments et des appendices qui y sont attachés; il n'y aura entre les parties composant ces segments et leurs appendices que des différences quantitatives; en d'autres termes, on pourra supposer, (et la théorie transformiste ne laisse pas de doute à cet égard), que tous ces métamères sont construits sur un modèle unique, dont l'ouvrier aurait seulement, suivant les besoins de la cause, allongé ou rétréci telle ou telle partie. L'ouvrier, dans l'espèce, c'est l'animal lui-même; en *prenant* avec certains appendices voisins de sa bouche, il en a fait des pattes *préhensiles*; en mâchant avec d'autres il en a fait des pattes masticatoires; celles qui se trouvaient au voisinage des orifices génitaux sont devenues des pattes copulatrices, etc.

Ainsi, pour l'écrevisse, un grand nombre des fonctions habituelles de l'espèce sont, si j'ose dire, *écrites* dans l'anatomie externe de chaque individu. Cette observation donne beau jeu aux finalistes.

Pourquoi l'écrevisse a-t-elle des pattes préhensiles? parce qu'il fallait qu'elle pût saisir des objets et les porter à sa bouche dira-t-on ; parce que, ripostera un Lamarckien, l'animal ayant souvent saisi avec ses pattes antérieures, ces pattes se sont naturellement adaptées à cette fonction.

Et ainsi l'on retournera l'argument finaliste qui fait de la division du travail physiologique une condition du progrès des organismes. On dira seulement, si l'on constate dans les appendices d'un animal une différenciation correspondant à des fonctions très précises, non pas que cette différenciation des appendices a permis l'accomplissement des fonctions correspondantes, mais que la nécessité de l'accomplissement prolongé de certaines fonctions des organes correspondants a adapté les appendices faisant partie de ces organes; la division, évidente extérieurement, du travail physiologique sera, non pas la promesse d'un progrès futur, mais la constatation d'un progrès accompli dans le passé, d'une adaptation à des besoins bien définis.

LIVRE III

LA LUTTE SEXUELLE

CHAPITRE IX

Définition des divers sens du mot sexe[1].

§ 42. — PAS D'ÉTALON ABSOLU DU SEXE GÉNITAL

Voici un chapitre curieux de la lutte biologique; chez la plupart des êtres vivants, il faut, de temps en temps, que deux individus *différents* collaborent à la fabrication d'un individu nouveau. Là, comme dans les autres phénomènes vivants, chaque élément sexuel s'efforcera d'imposer à l'autre son état physique et chimique, son patrimoine héréditaire; mais ici il n'y aura plus victoire de l'un des partis; tous deux

1. Une partie du chapitre IX a paru dans la *Revue du Mois* (mars 1906). J'ai cru devoir placer ici cette étude, parce que, quoique morts, les éléments sexuels donnent naissance à des corps vivants, mais le lecteur pourra intervertir l'ordre des livres et passer du livre II au livre V où est étudiée la lutte des corps de la deuxième catégorie.

seront vaincus dans la lutte comme des corps bruts qu'ils sont effectivement, car, nous le verrons, les éléments sexuels sont morts! L'œuf résultant de la fécondation sera quelque chose de nouveau, un compromis entre les deux éléments qui ont collaboré à sa fabrication; mais il sera vivant et triomphera ensuite dans la lutte contre le milieu.

La lutte sexuelle peut d'ailleurs être considérée en dehors des éléments génitaux eux-mêmes; on parle souvent de la lutte des sexes au point de vue sociologique; mais alors, le mot sexe est pris dans une autre acception. Je vais essayer de préciser les diverses significations de ce mot « sexe » car il est dangereux d'employer dans des raisonnements généraux un vocable dont la définition soit incomplète ou trop particulière; si l'on avait décidé d'appeler « hommes » les individus de l'espèce humaine qui ont le menton garni de poils, on s'étonnerait ensuite de voir accoucher une femme à barbe; on s'étonnerait surtout de la voir féconder par un homme à visage glabre, et l'on serait tenté de trouver dans ce phénomène imprévu une réalisation du « cas de Monsieur Guérin » produit de l'imagination fantaisiste d'Edmond About. Il y a, dans l'espèce humaine, des hommes et des femmes; l'observation la plus superficielle nous l'apprend, sans que nous soyons obligés de faire appel pour cela à l'étude de la fécondation; un naïf, persuadé que les enfants naissent sous les choux, n'aurait aucune peine à classer dans deux catégories définies morphologiquement, tous les individus qui passent en un jour sur le Pont-Neuf. Encore faudrait-il que la définition fût plus complète que celle qui résulte de la considération du seul système pileux de la face; mais, sauf dans des cas monstrueux, une description morphologique suffisante est très facile à faire.

Ainsi, sans nous occuper des phénomènes de reproduction, nous savons qu'il y a des êtres humains de deux types, le type homme et le type femme; quand on nous parle d'un de nos congénères, notre premier souci est de savoir s'il appartient au type homme ou au type femme; nous sommes sûrs, sauf dans des cas tératologiques très rares, qu'il réalise pleinement l'un des deux.

L'homme considère volontiers comme simples et générales les notions qui lui sont familières; l'observation des animaux voisins de lui a d'ailleurs été favorable à l'extension de cette remarque purement morphologique de l'existence de deux types différents dans chaque espèce. On apprend aux enfants que le cerf est le mâle de la biche, le coq, le mâle de la poule, avant de leur faire connaître la collaboration des deux sexes dans la fécondation, et cela leur paraît suffisamment clair; ils ont acquis de bonne heure cette idée qu'un animal est forcément mâle ou femelle, et la constatation de l'existence de types hermaphrodites comme l'escargot ou la sangsue ne réussit pas à la leur faire abandonner.

Sans aller jusqu'à des espèces aussi éloignées de la nôtre que l'escargot et la sangsue, nous voyons diminuer la facilité de la définition morphologique du sexe en nous arrêtant à des êtres comme le pigeon, chez lesquels, quoiqu'en disent certains éleveurs, il n'y a pas de caractère extérieur permettant de distinguer à coup sûr le mâle de la femelle; on ne peut s'assurer du sexe que par une étude d'anatomie interne ou par la constatation physiologique du rôle des divers individus dans la reproduction. Il y a des pigeons qui pondent des œufs; il y en a d'autres qui fécondent les premiers comme le coq féconde la poule.

Déjà donc, sans sortir des vertébrés, il faut, de toute nécessité, faire appel à des considérations physiologiques pour généraliser la notion morphologique de sexe. Chez certains poissons, il n'y a plus copulation du mâle et de la femelle, on ne peut plus définir le sexe que par la considération des produits génitaux eux-mêmes; le point de départ morphologique est complètement abandonné; on appelle hareng mâle un hareng qui fournit des éléments sexuels mâles; on appelle hareng femelle un hareng qui produit des élément sexuels femelles.

La définition, ainsi réduite, s'applique aisément à l'homme, tandis que la définition morphologique des deux types humains ne s'applique pas au hareng. Si donc on veut employer un langage qui soit applicable à tous les vertébrés, on doit emprunter la notion de sexe aux types chez lesquels, comme cela a lieu chez le hareng, cette notion se réduit aux éléments vraiment essentiels. Cela fait, et laissant de côté quelques rares espèces chez lesquelles on constate un hermaphrodisme partiel ou successif, on dira d'une manière générale, pour les vertébrés: il y a, dans chaque espèce, deux types, plus ou moins différents, suivant les cas, et dont l'un fournit des éléments mâles ou spermatozoïdes, l'autre des éléments femelles ou ovules; on appelle le premier mâle et le second femelle. Aura-t-on vraiment abandonné ainsi la définition morphologique? Il faudrait pour cela que les éléments sexuels eux-mêmes fussent susceptibles d'une définition dont la morphologie serait exclue; il faudrait savoir d'une manière absolue, et indépendamment de la considération de la stucture des éléments sexuels, ce qu'est une substance mâle, ce qu'est une substance femelle; on y arrivera peut-être bientôt: il est possible que l'on établisse sans tarder un rapport plus ou moins direct entre les sexes de la substance vivante et les électricités de nom contraire. En attendant, il faut se rabattre sur la morphologie, mais il y a lieu cependant, nous allons le voir, de faire intervenir, dans la définition, des propriétés physiologiques indispensables à la généralisation de la notion de sexe.

Tant qu'il ne s'agit que des vertébrés, la morphologie suffit: les éléments femelles ou ovules sont gros et immobiles tandis que les éléments mâles ou spermatozoïdes sont petits et doués de mouvements rapides; mais, si l'on veut que le langage adopté pour les vertébrés soit applicable à *tous* les êtres vivants chez lesquels on constate des phénomènes sexuels, on est obligé de renoncer à cette définition; il y a des espèces inférieures chez lesquelles les deux éléments qui se fusionnent pour former un œuf sont morphologiquement identiques et doués des mêmes mouvements. Si donc on veut raconter de la même manière l'histoire de *tous* les cas où deux éléments cellulaires, incapables par eux-mêmes de développement, s'unissent l'un à l'autre pour donner un œuf qui soit le départ d'un nouvel être, il faut de toute nécessité, renoncer entièrement au point de vue morphologique et définir comme il suit les éléments dits sexuels ou *gamètes* : ce sont des éléments incomplets incapables d'assimilation, et appartenant à deux types *complémentaires* tels que chacun d'eux *attire* et *complète* les éléments du type opposé.

Cette définition ne définit pas *un sexe* d'une manière absolue, mais les deux sexes à la fois et l'un par l'autre. Nous ne pouvons pas dire, si l'on nous présente un élément histologique d'une espèce vivante inconnue : « cet élément est mâle ; cet élément est femelle » ; nous ne pouvons même pas dire : « cet élément est un élément sexuel », si nous ne le connaissons pas d'avance, et si nous le voyons seul, sans son complémentaire. Nous n'avons pas d'étalon impersonnel du sexe : nous n'avons pas d'instrument qui nous permette de dire avec certitude : « cet élément est sexué ; il est mâle » ; comme l'électroscope à feuilles d'or, une fois préparé, nous permet de dire : « ce corps est électrisé ; il est positif. »

Pour les espèces inférieures chez lesquelles il n'existe entre les deux éléments sexuels aucune différence morphologique, nous n'avons jamais le droit de dire d'une manière absolue, lorsque nous voyons deux éléments marcher l'un sur l'autre et se fusionner en donnant un œuf : « Celui de droite est mâle ; celui de gauche est femelle . » Nous pouvons seulement affirmer que les deux éléments sont de sexe opposé ; de même, si nous voyons deux éléments attirés en même temps par un troisième, nous pouvons déclarer que les deux premiers sont du même sexe et le troisième de sexe contraire ; mais, comme nous ne savons pas conserver longtemps un élément sexuel donné, nous n'avons pas d'étalon de masculinité ou de féminité, dans les espèces dont les produits génitaux ne présentent pas de différences morphologiques.

Chez les animaux supérieurs, la même difficulté

n'existe pas ; l'un des éléments sexuels est toujours infiniment plus gros que son complémentaire ; il est de plus immobile dans l'acte de la fécondation, et c'est l'autre qui, attiré par lui, vient se fondre dans sa substance. On donne le nom d'*ovule* à l'élément gros et immobile, et le nom de *spermatozoïde* à l'élément petit et mobile. Dans chaque fécondation, on voit un ovule attirant un spermatozoïde et le recevant dans son sein. Si l'on a constaté, de plus, que l'ovule d'une espèce n'attire jamais un autre ovule de la même espèce, et que le spermatozoïde n'attire jamais un autre spermatozoïde pour se fusionner avec lui ; si, d'autre part, on a remarqué que l'ovule d'une espèce attire les spermatozoïdes des espèces voisines, on peut en conclure à une définition plus voisine à l'absolu et dire : « Les ovules des espèces supérieures sont tous femelles ; les spermatozoïdes des espèces supérieures sont tous mâles. » Le mot mâle et le mot femelle ayant, dans ces propositions, une signification précise et dépourvue de relativité, de même que, une fois choisi l'électroscope à feuilles d'or, on peut dire : « tel corps est positif » sans avoir besoin pour cela de posséder un corps négatif capable de lui être comparé.

On peut même se demander si, de proche en proche, on n'arriverait pas à définir avec précision le sexe des gamètes dans les espèces où ces éléments sont tous morphologiquement identiques, dans les espèces *isogames* comme on dit. Il suffirait pour cela de connaître une série d'espèces d'*anisogamie* décroissante conduisant d'une manière continue à l'espèce isogame considérée. Soient, par exemple, A, B, C, D, quatre espèces voisines telles que A soit franchement anisogame, avec un ovule gros et un spermatozoïde petit, B, un peu moins anisogame, avec un ovule moins gros et un spermatozoïde moins petit, mais que cependant, l'ovule de A attire le spermatozoïde de B et ainsi de suite. Si, dans ces conditions, l'ovule de C attire l'un des éléments reproducteurs de l'espèce isogame D, on aura une raison suffisante de définir *mâle* cet élément reproducteur de l'espèce D, et de considérer comme femelle l'élément reproducteur complémentaire; et ainsi, de proche en proche, on aura défini rigoureusement et d'une manière absolue le sexe des éléments reproducteurs dans une espèce isogame.

Pour que cela soit possible, il faut qu'il y ait vraiment quelque chose de commun à tous les éléments considérés comme étant du même sexe dans toutes les espèces vivantes, quelque chose de commun que l'on pourrait mettre en évidence au moyen d'un étalon physique comparable à l'électroscope à feuilles d'or.

Je crois pour ma part que cela est, et qu'on arrivera à construire, pour le sexe, un appareil comparable à l'électroscope; je le crois surtout parce que, dans les cas d'anisogamie, les ovules très gros attirent les spermatozoïdes très petits des espèces *voisines*; je pense que le fait d'être gros indique, pour un élément sexuel, une particularité *physique* spéciale qui domine la morphologie de l'élément, et je suis sûr que bien des gens ont déjà comparé ces différences de taille des gamètes à celle des électrons positifs et négatifs; ce n'est là en tout cas qu'une comparaison qui attend encore une démonstration expérimentale.

§ 43. — LE SEXE SOMATIQUE

Nous venons de nous occuper du sexe des gamètes ou éléments reproducteurs ; c'est là le sexe proprement dit, le sexe génital. Il est vraisemblable que ce sexe génital a une définition unique, et que les mots mâle et femelle ont une signification absolue ; on peut néanmoins se demander, lorsque l'on a constaté, par exemple, l'existence de plus d'une forme de spermatozoïdes dans une même espèce, s'il n'y a pas plusieurs manières d'être mâle, en regard de plusieurs manières d'être femelle. Lorsqu'un élément complet, comme l'œuf, provient de la fusion de deux éléments complémentaires, comme les gamètes, on peut se demander si le même œuf ne pourrait pas provenir de deux autres éléments, également complémentaires, mais autrement définis. On peut reconstituer une poire en accolant deux demi-poires obtenues par une section axiale du fruit, mais on peut aussi la reconstituer en accolant deux morceaux différents résultant d'une section perpendiculaire à l'axe ; seulement, dans le second cas, il y a anisogamie, tandis qu'il y a isogamie dans le premier. La biologie n'est pas assez avancée pour que nous puissions donner une réponse à ces questions intéressantes ; admettons pour l'instant qu'il n'y a qu'une manière d'être mâle et qu'une manière d'être femelle et voyons quelles sont, pour l'histoire des animaux, les conséquences de l'existence du sexe génital.

Dans certaines espèces, un même individu peut fournir des gamètes mâles et des gamètes femelles ; cela a lieu, par exemple, chez l'escargot et chez la sangsue que l'on nomme pour cette raison, *hermaphrodites*. Encore, l'hermaphroditisme du premier est-il différent de celui de la seconde. Chez l'escargot, en effet, les ovules et les spermatozoïdes prennent naissance dans une glande formant une masse unique et que l'on appelle la glande hermaphrodite. Chez la sangsue, au contraire, il y a, en des points bien déterminés du corps, des glandes distinctes dont les unes, appelées *ovaires*, fournissent exclusivement des ovules, tandis que les autres, appelées *testicules*, fournissent exclusivement des spermatozoïdes. La glande hermaphrodite de l'escargot, les ovaires et les testicules de la sangsue, occupent d'ailleurs dans l'anatomie des individus des places assez rigoureusement définies pour que l'on soit sûr, à moins qu'on ait affaire à des monstres, de les trouver sous son scalpel, sans hésitation.

Pourquoi, en ces points et en ces points seuls, se forme-t-il des gamètes? Mystère! Nous sommes encore trop ignorants au sujet de la nature même du sexe pour avoir la prétention de résoudre d'emblée cette question. On a cependant remarqué que les phénomènes de karyokinèse, qui conduisent aux gamètes, sont différents de ceux qui conduisent aux éléments ordinaires du corps, et indiquent vraisemblablement un *état différent* de la substance vivante dans les cellules correspondantes[1]; on en a conclu que les glandes génitales sont, dans leurs parties essentielles, comparables aux *prothalles* de la génération alternante des fougères; mais cela ne nous indique pas la raison pour laquelle en ces endroits

---

1. V. à ce sujet mon *Traité de Biologie*, ch. v.

du corps et non en d'autres il apparaît des *prothalles* susceptibles de fournir des gamètes. Constatons-le sans l'expliquer.

Chez l'escargot, c'est là le seul problème ; certaines conditions réalisées en une région déterminée du corps y déterminent l'apparition d'éléments sexuels ; mais ces éléments sont des deux sexes ; il est vrai que c'est toujours aux mêmes points de la glande hermaphrodite qu'apparaissent les ovules ; c'est toujours aux mêmes points qu'apparaissent les spermatozoïdes, et l'on doit se demander pourquoi la maturation génitale est *mâle* aux derniers, *femelle* aux premiers. Le problème est plus facile à poser pour la sangsue. En certains points du corps, et nous ne savons pourquoi, il apparaît des prothalles capables de donner des éléments sexuels ; pourquoi les uns sont-ils des testicules ? Pourquoi les autres, et toujours aux mêmes points du corps, sont-ils des ovaires ? Ne sachant pas ce que c'est que le sexe génital, nous sommes naturellement très embarrassés pour répondre à cette question d'une manière précise, mais nous pouvons le faire sans hypothèse dans un langage vague et qui n'engage à rien ; nous dirons que, au point où apparaît un ovaire, il y a « *quelque chose* » qui détermine dans les prothalles le sexe féminin ; au point où apparaît un testicule, il y a « *quelque chose* » qui détermine dans les prothalles le sexe masculin. Ce « *quelque chose* », nous ne savons pas ce que c'est, mais nous le connaissons par son influence déterminatrice du sexe ; il est probable que ce quelque chose n'a aucun rapport *direct* avec la nature même du sexe génital, et cependant, pour nous conformer au langage employé pour les prothalles isolés des *presles* par exemple, nous l'appellerons *sexe prothallique*. Il vaudrait mieux créer un mot nouveau pour une chose nouvelle, mais on doit se conformer à l'usage, et le langage reste rigoureux pourvu qu'on ne sépare jamais les deux mots et qu'on ne parle pas de *sexe* tout court pour les prothalles.

La question devient bien plus intéressante quand on passe des espèces hermaphrodites à celles qui, comme l'homme, le moineau, le rat, n'ont jamais, dans un individu donné, que des prothalles d'un sexe prothallique donné, des ovaires *ou* des testicules. On dit alors que tel individu est mâle s'il contient des testicules qui donnent naissance à des éléments doués de sexe génital mâle, femelle, s'il contient des ovaires qui donnent naissance à des éléments doués de sexe génital femelle. Ici encore nous ne savons pas pourquoi les prothalles d'un individu donné mûrissent toujours dans le sens mâle ou femelle à l'exclusion du sexe opposé, mais nous pouvons convenir d'appeler « *sexe somatique mâle* » le quelque chose qui, dans le corps de l'individu considéré, dirige la maturation des produits génitaux dans le sens mâle ou le sens femelle. Il n'y a aucune raison pour que le sexe somatique mâle ait un rapport direct avec la nature même du sexe génital mâle; c'est une particularité de l'individu, mais nous ne savons pas la définir autrement que par ses résultats. Ouvrons ici une parenthèse :

Comme tous les caractères d'un individu vivant, le sexe somatique doit dépendre à la fois de la structure héréditaire de l'individu et des conditions dans lesquelles il vit; il n'y a pas, dans un être vivant quelconque, une seule particularité qui lui appartienne en propre, indépendamment des conditions de milieu. Et, en effet, chez la myxine par exemple, on voit dépendre des conditions de vie le sexe somatique des individus. La myxine est un poisson qui, dans son jeune âge, vit librement dans l'eau ; à ce moment il est doué de sexe somatique mâle. Puis il entre comme parasite dans un cétacé et, pendant cette seconde partie de son existence, il a le sexe somatique femelle. Le sexe somatique dépend donc, dans cette espèce, des conditions de vie des individus.

Chez la plupart des animaux connus, il en va tout autrement ; un individu qui est mâle reste mâle toute sa vie, de telle manière que le sexe somatique paraît inhérent à la structure même de l'être indépendamment des circonstances extérieures ; cela prouve seulement que, à partir d'un certain moment, les variations de milieu qui pourraient modifier le sexe somatique sont en dehors des limites dans lesquelles peut se maintenir la *vie* même des êtres considérés ; nous ne pouvons pas nous proposer de faire vivre un homme comme parasite dans une baleine pour voir s'il deviendrait femelle ; il mourrait. Les auteurs ne sont pas d'accord sur l'âge auquel, dans une espèce donnée, le sexe somatique devient invariable sous peine de mort ; il est probable d'ailleurs que cet âge varie avec les espèces ; pour quelques-unes, le sexe somatique paraît déterminé dans l'œuf dès la fécondation ; pour d'autres, il paraît indéniable que les conditions d'éducation première ont une influence déterminatrice sur le sexe somatique ; toutes les expériences faites dans ce sens ont été guidées par le plus pur empirisme, puisqu'on ne sait pas ce que c'est que le sexe somatique. Je me contente de signaler cette question qui sort du cadre du présent chapitre; la question de la « détermination du sexe somatique » a fait couler des flots d'encre et est d'ailleurs très mal posée en général.

§ 44. — LE SEXE MORPHOLOGIQUE

Nous avons été logiquement conduits à définir le sexe somatique en partant du sexe génital, et nous avons constaté que, ne sachant pas, au fond, ce qu'est le sexe somatique, nous ne pouvons lui donner une autre définition. Mais, en ce qui concerne l'homme et les vertébrés supérieurs qui lui ressemblent, la définition du sexe somatique par le sexe génital nous ramène à la notion morphologique familière de l'existence de deux sexes. Il y a des hommes et des femmes, des cerfs et des biches, des coqs et des poules, et, sans aller voir ce que sont leurs produits génitaux, nous pouvons affirmer, sur la foi d'une étude morphologique extérieure, que les hommes, les cerfs et les coqs ont le sexe somatique mâle, que les femmes, les biches et les poules ont le sexe somatique femelle. Il y a donc un rapport certain entre le sexe somatique dont nous ignorons la nature et les particularités morphologiques qui font que nous distinguons l'homme de la femme, le cerf de la biche, particularités morphologiques que l'on appelle « caractères sexuels secondaires ».

Encore faut-il faire des réserves sur la valeur immédiate du lien qui unit le sexe somatique aux caractères sexuels secondaires.

Les expériences de castration et surtout les admirables observations de Giard sur la « castration parasitaire » ont prouvé que le fonctionnement des prothalles appelés « glandes génitales » a un retentissement certain sur la morphologie générale de l'individu. Un testicule qui fonctionne en donnant des spermatozoïdes introduit en même temps dans l'individu auquel il appartient des facteurs morphogènes qui se manifestent par la genèse de caractères sexuels secondaires.

Tout le monde sait que, chez certaines espèces, chez l'oiseau de Paradis, par exemple, le rut du mâle s'accompagne d'une ornementation du corps appelée « parure de noces ». On peut donc se demander si le sexe somatique mâle est « quelque chose » qui, dirigeant le sexe génital des éléments sexuels, produit *en même temps* et *directement* les caractères sexuels secondaires de l'individu ou si, simplement, le sexe somatique mâle déterminant l'apparition dans le prothalle des gamètes mâles, ce sont ensuite les produits de sécrétion interne des prothalles qui donnent au corps des caractères sexuels secondaires. La castration, lorsqu'elle est réalisée à un âge assez tendre, diminue, sans l'annihiler complètement le plus souvent, l'importance des caractères sexuels secondaires. Il y a donc certainement une partie au moins des caractères sexuels secondaires qui sont dus au fonctionnement génital des prothalles et non à l'influence directe sur le corps du sexe somatique mâle. Mais pour que nous soyons sûrs des conclusions de ces expériences, il faudrait que les glandes génitales fussent susceptibles de repousser ensuite, de manière à prouver que le sexe somatique, ce quelque chose d'inconnu qui ne se manifeste à nous que par le sexe génital des gamètes, n'a pas été modifié par l'expérience de castration, en même temps que se sont modifiés les caractères sexuels secondaires; qu'il n'y a pas eu, en d'autres termes, modification parallèle du sexe somatique et de ce que nous pouvons appeler le « sexe morphologique ». On voit combien de points d'interrogation il reste encore dans l'étude du sexe; il était nécessaire de les passer tous en revue pour aborder la question litigieuse de la définition du sexe chez les individus qui n'en ont pas et qui, cependant sont féconds.

§ 45. — LE SEXE PARTHÉNOGÉNÉTIQUE

Dans certaines conditions, variables avec chaque espèce, mais qui correspondent généralement à une augmentation du bien-être des individus, il arrive que des êtres ordinairement sexués se reproduisent sans fécondation. Cela a lieu par exemple pour les pucerons, pour les puces d'eau, etc. Pendant toute la belle saison, les pucerons produisent, directement et sans le secours d'un autre individu de même espèce, des œufs spéciaux, que l'on appelle *éléments parthénogénétiques*, et dont chacun reproduit un puceron. Seulement à la fin de l'été, ces éléments parthénogénétiques donnent naissance à des pucerons sexués, mâles et femelles, qui ne peuvent plus se reproduire que par une fécondation dans laquelle interviennent deux individus de sexe opposé. Les éléments parthénogénétiques ou *parthénogonades* ne répondent nullement à la définition, préalablement donnée, des éléments sexuels ou gamètes; ils ne sont pas incomplets puisqu'ils se développent par eux-mêmes; ils n'appartiennent pas à deux types complémentaires se définissant l'un par l'autre ; ils n'ont pas, en d'autres termes, de sexe génital.

Mais on les appelle des œufs parce qu'ils sont gros et immobiles comme les ovules femelles. Du moment qu'on les appelle des œufs, on déclare naturellement que les individus qui les pondent sont des femelles, quoique ces individus n'aient pas de sexe somatique. C'est là, à mon avis une expression vicieuse et cette expression vicieuse conduit naturellement lorsqu'on étudie le problème, posé tout à l'heure, de la détermination du sexe somatique, à confondre les conditions ambiantes qui déterminent la parthénogénèse avec les conditions qui, dans les cas de sexualité, font apparaître le sexe féminin de préférence au sexe masculin. Or le problème de la détermination du sexe somatique est très important et cela donne de l'intérêt à l'effort que je fais ici pour préciser le langage dans la narration des faits de parthénogénèse.

Nous avons rencontré, chemin faisant, outre le sexe prothallique dont je ne parlerai plus ici, le sexe génital, le sexe somatique et le sexe morphologique.

Les parthénogonades des pucerons ne sont pas douées de sexe génital femelle; elles ne sont pas incomplètes et n'attirent pas les spermatozoïdes de même espèce (nous verrons tout à l'heure que, chez l'abeille, un cas intermédiaire se produit). Les pucerons parthénogénétiques n'ont pas de sexe somatique observable pour nous, puisque le sexe somatique, inconnu dans son essence, ne se manifeste à nous que par la détermination du sexe génital des gamètes. Reste donc le sexe morphologique. Dans certaines espèces, les individus parthénogénétiques ne ressemblent ni à des mâles ni à des femelles de la même espèce; ils ont l'aspect de larves et l'on dit alors qu'il y a *parthénogénèse juvénile* ou *progénèse*, mais ce ne sont là que des expressions descriptives. Dans d'autres espèces, il faut bien reconnaître que les individus parthénogénétiques, quoique n'étant *identiques* ni à des mâles vrais ni à des femelles vraies, ressemblent plutôt à ces dernières. Est-ce là une raison suffisante pour dire que ce sont des femelles? Observez un coudrier au printemps : vous y trouvez des chatons mâles, des bourgeons femelles et des bourgeons à feuilles; les chatons mâles sont très différents des deux autres catégories de bourgeons qui, au contraire, se ressemblent étonnamment; dira-t-on pour cela que les bourgeons à feuilles sont femelles? Ce serait absurde. On constatera seulement que le bourgeon femelle est morphologiquement plus voisin du bourgeon asexué que le bourgeon mâle; d'une manière générale, lorsque, dans une espèce, on connaît des individus mâles, des indidus femelles et des individus asexués ou neutres, on remarque, le plus souvent, que le type femelle s'éloigne moins que le type mâle du type neutre ou moyen; en d'autres termes, les caractères sexuels secondaires surajoutés, pour le sexe féminin, au type moyen de l'espèce sont moins importants que les caractères sexuels du type masculin; voilà tout. Ce n'est pas une raison suffisante pour déclarer femelles les individus parthénogénétiques; ces individus n'ont pas de sexe somatique et n'ont pas rigoureusement le sexe morphologique féminin; il faut donc leur donner un nom nouveau qui corresponde à un troisième type spécifique, à un *troisième sexe* (?), s'il est admis dans le langage courant qu'un individu a forcément un sexe...

§ 46. — LES FEMELLES INCOMPLÈTEMENT FEMELLES

Il y a cependant un autre argument que l'on peut invoquer, et qui a été invoqué effectivement pour l'attribution du nom de femelle aux individus parthénogénétiques; c'est l'argument qui provient de la considération des cas de parthénogénèse partielle ou facultative, cas dont l'abeille présente l'exemple le plus célèbre. Il semble établi définivement que la reine d'abeilles produit des œufs capables, soit de se développer par eux-mêmes, soit d'être fécondés par des spermatozoïdes avant de se développer. Ces œufs ne répondent donc pas complètement à la définition que nous avons donnée tout à l'heure des éléments sexuels; ils ne sont pas incomplets puisqu'ils peuvent se développer par eux-mêmes, mais ils ont néanmoins un caractère sexuel puisqu'ils attirent des spermatozoïdes; l'idée la plus naturelle qui se présente à l'esprit à ce sujet est que les œufs de l'abeille sont bien femelles, mais *incomplètement;* ils n'ont mûri que partiellement. Une comparaison avec une sphère électrisée permet de se figurer suffisamment le phénomène. Une sphère de cuivre de capacité donnée et portant une légère charge positive est bien électrisée positivement, ainsi qu'on le constate en l'approchant d'un électromètre à feuilles d'or; mais cela n'empêche pas qu'il reste en elle ce qu'on convient d'appeler du fluide neutre ou complet, fluide dans lequel l'approche d'un corps fortement positif pourrait développer par influence une certaine charge négative susceptible d'être mise en évidence. De même, dans l'ovule d'abeille, nous devons penser qu'il existe, outre un protoplasma complet ou neutre capable d'assimiler et de se développer par lui-même, une certaine quantité de substance femelle capable d'attirer un spermatozoïde et de se fusionner avec lui pour donner une nouvelle dose de protoplasma complet qui s'ajoute à la dose préexistante ; de sorte que l'œuf fécondé d'abeille différerait de l'œuf non fécondé par une abondance plus grande de protoplasma complet.

Chose remarquable, et qui ne manque jamais d'étonner ceux que l'abus du mot « sexe » amène à confondre le sexe génital et le sexe somatique, l'ovule non fécondé, qui n'a pas reçu de substance mâle, donne naissance à une abeille mâle, tandis que l'ovule fécondé, qui a reçu de la substance mâle, donne une reine ou une ouvrière. Rien ne peut, mieux que cette particularité, prouver l'absence de relation *directe* entre ce quelque chose d'inconnu qu'on appelle sexe somatique et ce quelque chose d'également inconnu qu'on appelle sexe génital.

Quoiqu'il en soit, nous ne pouvons refuser à la reine d'abeilles un sexe somatique femelle, puisque ses éléments reproducteurs subissent, quoique incomplètement, une maturation dans le sens féminin ; nous ne pouvons non plus lui refuser le caractère d'individu parthénogénétique, puisque ses éléments reproducteurs sont capables de se développer sans fécondation. C'est donc bien à la fois une femelle et un individu parthénogénétique, ce que l'on exprime en disant que c'est une *femelle parthénogénétique*. En revanche, nous ne connaissons pas d'espèce dans laquelle des éléments parthénogénétiques aient subi un commencement de maturation dans le sens mâle ; du moins, s'il y en a, nous n'avons aucun moyen de nous en apercevoir, car il faudrait, pour cela, mettre en présence de ce gamète incomplètement mâle un gamète femelle qui l'attirerait et se fondrait avec lui. Les spermatozoïdes sont toujours très petits et dépourvus de substances de réserve ; cela suffirait à expliquer que l'un d'eux, même incomplètement mûr[1], ne manifeste pas par un développement autonome sa qualité parthénogénétique. La considération du cas de l'abeille n'autorise donc pas à déclarer d'une manière générale que tous les individus parthénogénétiques méritent le nom de femelle ; pour que ce nom conservât une trace de sa signification première il faudrait qu'on l'attribuât uniquement à des individus dont les éléments reproducteurs *peuvent attirer des spermatozoïdes et se fusionner avec eux* ; on pourrait essayer sur des pucerons ou des puces d'eau, en se procurant à la fois des mâles vrais et des individus parthénogénétiques ce qui n'est pas difficile ; mais tant qu'on n'aura pas fait cette expérience, et nonobstant le cas de l'abeille, on devra dire que les individus parthénogénétiques n'ont ni sexe somatique ni sexe génital, qu'ils représentent un *troisième type* dans les espèces où ils se présentent. Peut-être y

---

1. Les expériences de Loeb sur la parthénogénèse artificielle, en montrant qu'on peut arrêter les ovules sur la voie de la maturation femelle, ont prouvé que cette maturation femelle est progressive, ce qui se comprend à cause des grandes dimensions des ovules ; peut-être, à cause des petites dimensions des *spermatozoïdes*, la maturation mâle est-elle plus immédiate, ce qui expliquerait l'absence des cas de parthénogénèse partielle du type masculin.

a-t-il des animaux dont les éléments parthénogénétiques sont toujours plus ou moins atteints par une maturation femelle ou même mâle; peut-être y en a-t-il d'autres dont les éléments parthénogénétiques sont, au contraire, entièrement neutres; il faudrait, pour s'en assurer, posséder cet étalon de sexe dont je déplorais l'absence au début de cet article. En attendant, il sera prudent de ne donner au *troisième sexe* ni le nom de femelle, ni le nom de mâle; on pourrait donner aux individus de ce troisième sexe le nom de « parthénogéniteurs » si ce nom n'avait l'inconvénient d'accoler un vocable grec à un vocable latin.

CHAPITRE X

La lutte des éléments sexuels dans la fécondation.

§ 47. — LA LUTTE POUR LE PATRIMOINE HÉRÉDITAIRE

C'est aujourd'hui le phénomène le plus mystérieux de la biologie. Le but de la science étant de prévoir les faits, on peut dire hardiment que la science n'a pas encore pénétré le mystère de l'*amphimixie* ou mélange des propriétés paternelles et maternelles dans la fabrication de l'œuf par fécondation. Tout ce qu'on est en droit d'affirmer, dans les unions entre individus de même espèce et de même race, c'est que le produit de la fécondation sera de l'espèce et de la race des parents. Quant aux caractères individuels du produit, ils seront différents dans deux fécondations différentes ; on constate, en effet, que les frères provenant d'un même couple sont différents, à moins qu'ils ne soient véritablement jumeaux, c'est-à-dire qu'ils dérivent d'une seule fécondation, qu'ils proviennent d'un œuf unique coupé en deux après la première bipartition normale.

La lutte entre les produits sexuels qui se fusionnent dans l'acte de la fécondation peut être considérée à deux points de vue :

1° La formation du patrimoine héréditaire de l'œuf ;

2° La détermination du sexe somatique du produit.

Pour la question du patrimoine héréditaire, on constate le plus souvent, je le répète, les résultats les plus variés dans les luttes successives ; le premier enfant pourra ressembler particulièrement à l'un des parents, le second à l'autre, le troisième sera peut-être très différent de l'un et de l'autre et aura une personnalité très marquée.

Il y a cependant des règles que l'on peut tirer de l'observation des unions croisées ; d'une manière générale, il existe, en effet, dans une espèce donnée, un certain nombre de types *stables* autour desquels se groupent normalement toutes les formes individuelles de l'espèce. Ce sont les *races* résultant d'une adaptation prolongée à des conditions de vie bien déterminées. Si l'on croise entre eux deux individus de races différentes, on obtient à la première génération des produits intermédiaires appelés *métis ;* mais si l'on continue à croiser les métis entre eux, on voit fatalement réapparaître au bout d'un certain temps, dans les descendants de ces unions croisées successives, les types des races ancestrales. L'union des sexes dans la fécondation apparaît de plus en plus nettement comme un facteur de conservation des types moyens, des types stables qui sont possibles dans une espèce.

Ceci est vrai du moins, tant que les unions croisées sont abandonnées au hasard ; il n'en est plus de même quand des éleveurs s'ingénient à accoupler entre eux des individus que le hasard a pourvus d'une même monstruosité. Une sélection artificielle des couples permet d'accumuler ainsi sur des individus choisis, des caractères aberrants que l'amphimixie livrée au hasard eût certainement fait disparaître ; on dit alors qu'on a créé, non une *race*, mais une variété véritable ; tels les bœufs Durham, les pigeons grosse gorge ou courte face.

Il est facile de constater l'instabilité de ces produits fantaisistes en faisant accoupler ensemble deux individus d'une même espèce appartenant à des variétés différentes ; les deux variétés sont vaincues dans le combat sexuel ; les caractères aberrants disparaissent, et l'on revient au type ancestral commun qui était une forme stable. Par exemple, en croisant le pigeon grosse gorge avec le culbutant courte face, on revient au biset, ancêtre stable dont les éleveurs ont fait dériver les deux types monstrueux précités.

Les deux cas d'atavisme que je viens de signaler, retour à l'ancêtre commun dans le cas d'un croisement de deux variétés aberrantes, retour à l'un des ancêtres dans le cas du croisement de deux races bien fixées, sont donc la vérification d'une même formule générale qui reconnaît l'existence, dans chaque espèce, d'un certain nombre de types moyens, de types stables chez lesquels les divers caractères de l'espèce considérée sont répartis dans un heureux équilibre. Le rapport établi entre les phénomènes chimiques de la vie et les manifestations physiques morphogènes des protoplasmas vivants fait comprendre la nécessité de ce nombre restreint de types moyens.

Une autre remarque intéressante, dans la lutte pour les patrimoines héréditaires, c'est que, si l'on croise entre elles deux races très différentes d'une même espèce, le résultat du croisement donne des produits d'une uniformité remarquable ; tous les frères métis se ressemblent à la première génération. Cela se comprend assez bien; les différences de race étant considérables, les différences individuelles qui séparent les divers spermatozoïdes entre eux et les divers ovules entre eux disparaissent devant les différences de race, et toutes les luttes engagées entre un spermatozoïde et un ovule de ces deux races donnent le même résultat; si tel caractère du spermatozoïde n° 1 a triomphé du caractère correspondant de l'ovule correspondant, la même victoire sera remportée par le même caractère du spermatozoïde n° 1 ; il y aura donc uniformité des produits de la première génération.

Au contraire, à la seconde génération, il y aura naturellement un polymorphisme considérable des produits puisque les différences individuelles des spermatozoïdes seront équivalentes ou supérieures aux différences très faibles qui existent entre les parents eux-mêmes.

De même, si l'on croise deux races très voisines, le polymorphisme sera la règle à la première génération ; cela se comprend aisément pour les raisons que je viens de signaler. J'ai résumé tous ces résultats dans une formule unique, au moyen d'une hypothèse simple que j'ai exposée longuement ailleurs[1].

---

1. V. *Traité de Biologie*, op. cit., ch. viii. Voyez aussi, pour la distribution des caractères mendéliens dans les produits des croisements : *Les Influences ancestrales*, op. cit., ch. iv et xvii.

§ 48. — LA LUTTE POUR LE SEXE SOMATIQUE

La deuxième question qui se pose dans la fécondation est celle de la détermination du sexe somatique. Une première remarque à faire est que cette question est tout à fait indépendante de la précédente. La ressemblance d'un enfant avec l'un de ses parents n'entraîne pas du tout pour lui la nécessité d'avoir le même sexe que ce parent, il y a des filles qui ressemblent à leur père, des fils qui ressemblent à leur mère; mais quoi qu'on en pense souvent dans le vulgaire, la ressemblance n'est pas forcément croisée au point de vue du sexe; il y a aussi des fils qui ressemblent à leur père. Toutes les règles que l'on a voulu établir à ce sujet sont inadmissibles.

Le peu que nous savons de la nature du sexe somatique nous paraît d'ailleurs militer en faveur d'une particularité d'ordre physique, résultant des conditions même de la fécondation, et indépendante du choix des patrimoines héréditaires chimiques. Nous ne savons d'ailleurs pas encore à quel moment le sexe somatique est déterminé définitivement; il est vraisemblable que ce moment n'est pas le même pour les diverses espèces animales et végétales ainsi que nous l'avons vu plus haut. Dans certains cas, il semble bien que le sexe somatique soit définitivement déterminé dans l'œuf; dans d'autres cas, il est certain que des conditions d'éducation peuvent le faire changer.

Ce qu'il ne faut pas perdre de vue, c'est que le sexe somatique est une chose *différente* du sexe génital; il doit consister en un arrangement physique des protoplasmas somatiques, mais nous ne savons pas quel est cet arrangement.

Voici un cas bien curieux de quelque chose que l'on peut considérer avec vraisemblance comme de même nature que le sexe somatique, et dont on a pu constater la non transmission dans la fécondation. Je veux parler de l'*hétérostylie* des Primevères.

Quand on cueille un bouquet de primevères de même espèce, *primula grandiflora*, par exemple, les fleurs paraissent, au premier examen, toutes identiques. Si l'on y regarde de plus près, on trouve des différences qui permettent de les classer en deux types *très différents*, et entre lesquels il n'y a pas d'intermédiaire. Le premier a le style très court et les étamines placées à la gorge de la corolle : le second a le style très long et les étamines placées profondément dans le tube de la fleur, à la hauteur même où se termine le style du premier type ; cette disposition facilite, on le comprend sans peine, la fécondation croisée par les insectes.

Le type *macrostyle* diffère d'ailleurs du type *microstyle* par d'autres caractères morphologiques, que l'on peut comparer aux caractères sexuels secondaires des espèces à sexes séparés. Toutes sortes de considérations tendent d'ailleurs à faire considérer les différences du type macrostyle et du type microstyle comme étant du même ordre que celles qui séparent le type mâle du type femelle chez d'autres espèces. Or, voici ce que l'on constate :

La fécondation croisée des macrostyles et des microstyles donne à peu près le même nombre d'individus macrostyles et d'individus microstyles ; mais on peut, artificiellement, féconder un stigmate de microstyle avec du pollen du même type. Or, dans ce cas, on trouve bien que les graines résultant de la fécondation donnent une majorité d'individus microstyles, mais qu'il y a cependant des individus du type différent dans le semis. Cela prouve donc qu'un caractère physique, même commun aux deux gamètes conjoints, peut ne pas être transmis au produit de la fécondation; la fécondation est une opération qui remue trop profondément les états d'équilibre des gamètes; c'est une lutte dont, au point de vue de l'état physique résultant, nul ne peut prévoir l'issue.

Et cela prouve en même temps que le caractère hétérostylique est bien un caractère physique, car l'une des lois les plus vraisemblables de l'amphimixie est que tout caractère chimique, commun aux patrimoines héréditaires des deux conjoints, se transmet au produit de leur union.

LIVRE IV

LE PROBLÈME DE L'APPARITION DE LA VIE

CHAPITRE XI

Le transformisme permet de ramener le problème à celui de l'apparition d'une masse vivante élémentaire.

§ 49.

Les théories transformistes ont pour objet d'expliquer comment, par l'action des seules forces naturelles, il s'est produit une évolution progressive des êtres vivants; cette expression « *évolution progressive* » est consacrée aujourd'hui par l'usage, mais, en réalité, l'idée de progrès qui y est contenue donnerait lieu à des discussions interminables si l'on voulait en préciser la signification. Le mot progrès est un mot humain qui rappelle la transformation de certaines sociétés d'hommes pendant les périodes historiques ; ceux qui croient à l'existence d'un but vers lequel tendraient les êtres et les choses au cours de leurs variations incessantes peuvent concevoir qu'il y ait une définition générale du mot progrès ; une variation serait, par exemple, considérée comme progressive, quand elle rapprocherait un être du but à atteindre.

Mais ceux qui n'ont pas cette croyance finaliste seraient bien en peine d'étendre à l'ensemble des êtres le mot progrès défini d'abord par l'histoire de quelques sociétés humaines. On a pensé à considérer comme un progrès toute complication d'organisation ; or il est bien certain qu'une simplification comme celle qui résulte de la disparition d'un organe devenu inutile est un progrès, au sens humain du mot. Il faut renoncer à appliquer à l'histoire de la formation des espèces cette expression humaine qui nous semble si claire quand nous n'essayons pas de la définir[1], ou bien il faut lui donner une signification franchement indépendante de celle que nous lui attribuons instinctivement quand nous parlons des hommes.

L'évolution est une série de variations résultant d'adaptations successives à des conditions sans cesse variables ; ces variations sont de plusieurs natures ; elles peuvent consister en transformations d'organes préexistants et en apparition d'organes nouveaux ; quand il y a apparition d'organes nouveaux, il y a complication, il y a au contraire simplification quand une transformation d'organes préexistants détermine la disparition de certaines parties. Toutes les variations réellement[2] acquises se transmettant héréditai-

---

1. J'ai donné dans un autre chapitre de ce volume une définition biologique du progrès à un point de vue restreint.
2. J'appelle « réellement acquises » les variations qui ont retenti sur le patrimoine héréditaire.

rement, il en résulte une complication croissante chaque fois que les formations nouvelles l'emportent sur les disparitions. Si, dans l'histoire d'une espèce donnée, il ne s'était jamais produit de disparition d'organes, la structure actuelle de cette espèce contiendrait des témoins de *toutes* les variations subies depuis l'origine, résumerait, en un mot, toute son histoire évolutive. Il est peu probable qu'une telle espèce existe, mais il y a des espèces extrêmement compliquées et c'est l'existence de ces espèces que la théorie transformiste est destinée à expliquer.

Si, comme on tend à l'admettre aujourd'hui, toutes les espèces sont également anciennes, l'histoire évolutive est aussi longue pour les unes que pour les autres; il est donc possible qu'elle soit également compliquée pour toutes, mais il est possible aussi qu'elle soit plus simple pour quelques-unes d'entre elles qui se seront trouvées dans des conditions moins variables pendant de longues périodes géologiques. Il me semble que l'on a un peu abusé de cette dernière hypothèse; partout où il y a vie, il y a variation incessante sous l'influence des réactions mêmes de la vie, puisque ces réactions détruisent certaines substances du milieu et les remplacent par d'autres; je ne crois donc pas qu'il soit bien légitime de considérer l'histoire évolutive de l'homme comme infiniment plus compliquée que celle de l'oursin, du ver de terre, du champignon de couche ou de la bactéridie charbonneuse, autrement dit, que le nombre des variations par lesquelles ont passé les ancêtres de l'homme depuis l'origine soit forcément bien plus considérable que le nombre des variations subies par les ascendants de la bactéridie charbonneuse dans le même temps; autrement dit encore, je ne vois pas de raison pour que l'homme soit plus *différent* de son ancêtre initial que ne l'est la bactéridie charbonneuse.

Bien entendu, je ne veux pas dire par là que l'homme ne soit pas *extrêmement différent* de l'être initial ; je veux seulement dire que rien ne nous autorise à considérer la bactéridie charbonneuse comme *plus voisine* de cet être primitif; mais, même sous cette forme, mon affirmation a l'air d'un monstrueux paradoxe. C'est que, lorsqu'on parle de l'homme, en général, on pense à l'homme adulte formé d'une agglomération de plusieurs milliards de cellules et non à l'une de ces cellules en particulier; on ne peut comparer que des choses comparables ; tous les êtres vivants étant formés de cellules, ce sont les cellules qu'il faut comparer entre elles. Non seulement l'homme est composé de cellules, mais il provient d'une cellule initiale appelée œuf qui a la propriété, par ses bipartitions successives, de donner toutes les cellules de l'homme, de même qu'une bactéridie charbonneuse donne par ses bipartitions successives dans le corps d'un mouton, les millions de bactéridies qui le font mourir du charbon. Ces deux cellules, œuf d'homme d'une part, bactéridie charbonneuse d'autre part, résultent d'évolutions également longues, proviennent d'ancêtres cellulaires aussi lointains, par des séries de bipartitions aussi longues et, peut-être, de variations aussi nombreuses. Il n'y a donc aucune raison pour que, de l'œuf d'homme à son ancêtre initial, il y ait une différence de structure plus grande que celle qui sépare la bactéridie charbonneuse de son premier ascendant et ces deux ancêtres initiaux sont peut-être le même! Seulement, la propriété, pour une cellule, de donner naissance à un homme, nous paraît plus étonnante que celle de donner le charbon à un mouton.

J'ai exposé, dans un autre volume de la collection de philosophie scientifique[1], un aperçu général des théories transformistes. Je voudrais seulement m'occuper ici du phénomène primordial sans lequel le transformisme n'eût pu se manifester à la surface de la terre, c'est-à-dire, de l'apparition d'une masse vivante élémentaire.

Comment, au milieu des substances brutes qui, dans toutes les luttes, sont fatalement vaincues, a-t-il pu apparaître des substances qui ont au contraire la propriété de triompher du milieu ? Cette question de la génération spontanée a été l'objet de discussions passionnées. Elle vient de trouver un regain d'intérêt dans la nouvelle venue de Cambridge, que le radium faisait naître la vie dans la gélatine. Nous nous y arrêterons d'autant plus volontiers que cette étude nous permettra une fois de plus de caractériser ce qui est chimique dans la vie et de le distinguer de ce qui s'y trouve de physique.

1. *Les Influences ancestrales, op. cit.*

CHAPITRE XII

Génération spontanée ou apparition des corps qui triomphent dans la lutte[1].

§ 50. — DE LUCRÈCE A PASTEUR

Avant l'ère scientifique, des observations incomplètes, conduites avec des moyens d'investigation imparfaits, ont naturellement amené les hommes à croire à la génération spontanée ; on ne voyait rien d'abord dans une eau limpide ; il y apparaissait ensuite des êtres vivants ; c'est donc qu'ils s'étaient formés tous seuls. Dans son poème *De natura rerum*, Lucrèce le proclame déjà formellement :

> *Multaque nunc etiam exsistunt animalia terris,*
> *Imbribus et calido solis concreta vapore*

« Et maintenant, sortent de terre des animaux qui sont produits par la pluie et par les chaudes vapeurs du soleil. »

Virgile fait enseigner par une déesse au berger Aristée le moyen de faire sortir des abeilles vivantes

---

1. *Revue de Paris*, 1905.

du cadavre d'un bœuf : quand on voyait naître des vers dans la viande, on pensait qu'ils y avaient apparu tous seuls. C'est seulement au XVIIe siècle que Rédi détruisit cette légende, du moins en tant qu'il s'agissait d'animaux de taille considérable comme les abeilles et les asticots. Sa méthode expérimentale est intéressante surtout en ce que nous la retrouvons à peine perfectionnée dans les travaux plus récents de Pasteur. De la viande étant mise, au moyen d'un voile de gaze, à l'abri des visites des mouches, il n'y apparaît pas de vers. C'est donc que les vers y sont apportés par les mouches. En effet, nous savons aujourd'hui que ce sont les œufs des mouches qui produisent les vers à viande, lesquels ne sont d'ailleurs qu'une forme larvaire de l'espèce mouche. Rédi avait inventé le garde-manger, dans lequel la viande fraîche, non encore visitée par des insectes, se conserve sans donner naissance à des vers. Elle ne s'y conserve pas intacte, néanmoins, car les œufs des mouches ne sont pas les seuls agents de corruption ; d'autres, beaucoup plus petits, passent à travers un voile de gaze ou une toile métallique et c'est Pasteur qui nous apprit à conserver nos aliments à l'abri de ces agents minuscules de corruption. Mais cette découverte a été préparée par de nombreux chercheurs ; on doit rappeler, après ceux de Rédi, les travaux de Needham, Spallanzani, Schwann, Cagniard de la Tour, Tyndall, pour ne citer que les plus importants.

Pasteur nous a appris définitivement que, pour mettre certaines substances organiques à l'abri de l'invasion par la vie, il faut que ces substances ne contiennent pas d'avance de germes de corruption. Dans beaucoup de cas, on sait extraire d'un animal ou d'un végétal sain des quantités considérables de matière non contaminée ; quand on n'est pas sûr que la contamination a été évitée, on détruit, par la chaleur, les germes possibles ; si l'on évite ensuite l'introduction de nouveaux germes, on peut être certain que la vie n'apparaîtra pas dans les matières ainsi traitées ; des ballons de bouillon stérile, préparés il y a quarante ans par Pasteur, sont encore parfaitement indemnes.

Il faut tout de suite faire des réserves sur l'emploi de ce mot : *indemne*. De ce qu'une substance organique ne contient pas de germe vivant, il ne s'ensuit pas qu'elle restera indentique à elle-même, sans transformation chimique ; les substances organiques sont, comme les métaux et autres corps, soumis à l'action des agents atmosphériques ; du vin nouveau, débarrassé de tout germe, vieillit néanmoins sous l'influence d'une oxydation lente, et Pasteur a précisément dosé la quantité d'oxygène nécessaire pour que le vieillissement d'un vin fournisse le résultat le plus conforme à la gourmandise de l'homme. On doit donc dire simplement que, dans un milieu stérile, conservé à l'abri de tout ensemencement, la vie n'apparaît pas dans les conditions ordinaires de la nature.

On nous dit maintenant qu'il n'en serait plus de même en présence du radium ; telles sont les nouvelles qui nous parviennent de Cambridge[1] ; mais on voit immédiatement, d'après les considérations géné-

---

[1]. Le professeur Raphaël Dubois a fait à ce sujet une réclamaon de priorité ; je crois qu'il est superflu de discuter aujourd'hui la question de savoir qui a réalisé le premier la génération artificielle, puisqu'il semble bien que cette génération artificielle soit encore à trouver.

rales qui précèdent, que, sans les travaux de Pasteur, il eût été impossible, non seulement de résoudre, mais même de poser le problème de la génération spontanée : pour être sûr que la vie a *apparu* quelque part, il faut pouvoir affirmer qu'elle n'y préexistait pas sous une forme quelconque : avant d'essayer de faire de la vie avec des substances mortes, il fallait savoir mettre des substances mortes à l'abri de l'invasion par la vie. Or, dans l'opinion de Pouchet, de Trécul et des autres *spontanistes*, c'était là quelque chose d'impossible; du moment qu'il y avait, dans un liquide, les éléments nécessaires à la constitution des êtres vivants, la vie devait y apparaître fatalement.

Nous avons de la peine, aujourd'hui, avec notre connaissance plus approfondie de la physique et de la chimie, à nous imaginer l'état d'esprit des adversaires de Pasteur. Nous savons qu'avec les éléments constitutifs des êtres vivants, on peut fabriquer un grand nombre de corps qui ne sont pas vivants; tels et tels éléments étant en présence, il se produit des variations chimiques et des phénomènes physiques qui dépendent des conditions réalisées; vouloir que la vie résultât toujours, dans tous les cas, de la coexistence dans un même milieu, de tous les éléments constitutifs d'un être, c'était vouloir donner au phénomène vital un degré de banalité qui est le contraire même de son essence; la vie est quelque chose de très précis comme toutes les autres réactions chimiques ; chaque réaction chimique se produit dans des conditions données, à l'exclusion de toute autre; vouloir que la vie se produise fatalement quand sont réunis les éléments d'un être vivant, c'est raisonner comme quelqu'un qui affirmerait que, là où il y a du carbone, de l'hydrogène et de l'oxygène, il doit fatalement se produire et ne se produire que de l'alcool éthylique. Or, on peut affirmer que ces trois éléments pourraient se trouver réunis dans un même récipient, pendant des siècles, sans qu'il y apparût jamais d'alcool éthylique. Et cependant, avec ces trois éléments, nous savons aujourd'hui fabriquer de l'alcool. La question de la génération spontanée se pose de la même manière ; il ne s'agit pas de savoir si, toutes les fois qu'un milieu contient les éléments nécessaires à la vie, la vie y apparaît, comme le croyaient les spontanistes, mais bien si, étant donné un milieu capable de nourrir des espèces vivantes et dans lequel il n'y a pas d'élément vivant, il est possible de faire, par certaines opérations bien précises, la « synthèse » d'un élément vivant. Pasteur a résolu la première partie du problème qui consiste à se procurer un milieu nutritif sûrement dépourvu de tout germe vivant.

Voyons, maintenant, où nous en sommes pour la synthèse de la vie.

§ 51. — VITALISME ET MORTS PROVISOIRES

Pour beaucoup de gens la question ne se pose pas ; la vie est quelque chose d'inaccessible à l'expérimentateur, un principe insaisissable qui anime le corps vivant ; le corps vivant n'est, par lui-même, qu'un substratum inerte, et la synthèse chimique de ce substratum n'entraînerait pas la création de la vie. C'est la théorie *vitaliste*. Pour ses partisans, la création de la vie dans les laboratoires est aussi impossible que la résurrection d'un cadavre : « Vous arriverez peut-être, disent-ils, à créer du protoplasma par synthèse mais ce protoplasma ne sera pas vivant ; il lui manquera l'étincelle, qui différencie le vivant de son cadavre ; cette étincelle, vous ne pouvez pas vous la procurer ».

Ce raisonnement s'appuie sur un postulat implicite qu'il n'y a pas de différence matérielle entre l'être vivant et son cadavre. Si cela était, la création de la vie ne serait pas, en effet, du domaine expérimental ; tout ce que pourrait tenter le chimiste, serait la synthèse d'un cadavre qu'ensuite un principe supramatériel animerait ou n'animerait pas du souffle vital ; la vie ne serait pas plus accessible à l'expérimentateur que ne le serait la mort ; un être vivrait ou mourrait suivant que lui serait accordée ou retirée l'étincelle mystérieuse. Mais nous savons faire de la mort, si nous ne savons pas faire de la vie, et c'est ce qui met en mauvaise posture l'hypothèse vitaliste. De même, avant Prométhée, les hommes savaient éteindre le feu, s'ils ne savaient pas en faire, et cela aurait suffi à prouver que le feu n'est pas un élément inaccessible. Nous savons, par des procédés chimiques ou physiques, tuer n'importe quel être vivant ; nous obtenons un cadavre, qui par notre intervention matérielle, a été privé de la vie ; mais ce cadavre diffère du vivant qui l'a fourni, et il en diffère par la modification physique ou chimique que nous avons déterminée en lui ; toutes les fois que nous faisons nous-mêmes la mort, nous avons le droit d'affirmer que le cadavre diffère du vivant au point de vue de la description purement matérielle et, par conséquent, nous ne pouvons pas conclure au vitalisme.

Il reste à savoir si, dans la nature, en dehors de

l'intervention d'un expérimentateur, il y a des cas de mort dans lesquels ne se manifeste aucune transformation du corps qui passe de vie à trépas. Ce serait seulement après avoir démontré l'existence d'un tel cas, que les vitalistes auraient une base solide pour leur théorie. Je ne sache pas qu'une observation de ce genre ait été jamais étayée sur des mesures sérieuses ; au contraire, le vitaliste le plus convaincu, apprenant la mort d'un ami, ne manquera jamais de demander ; « De quoi est-il mort ? », montrant, par cette seule question, qu'il doit y avoir une différence entre le cadavre et le vivant. Cette différence est la *lésion* qui causa la mort.

A ce raisonnement, les vitalistes répondent que la vie ne peut animer qu'un corps sain, de même que le mécanisme ne peut faire fonctionner qu'une locomotive en bon état ; si, par une intervention physique ou chimique, nous détruisons la bonne ordonnance du corps, la vie ne peut plus l'activer : mais il est aussi impossible à un corps sain de vivre sans principe vital qu'à une locomotive de se passer de mécanicien.

Ainsi posée, la question sort du domaine expérimental ; on ne pourra jamais démontrer, par les procédés des sciences physiques, la présence ou l'absence, dans un corps viable, de quelque chose qui a pour caractéristique de n'être pas justiciable des méthodes des laboratoires ; à ce point de vue, la fabrication d'un corps vivant au moyen d'éléments bruts ne prouvera rien de plus que ce que nous savons déjà, car on pourra dire que le chimiste ayant créé un corps viable, ce corps a été immédiatement animé par un principe vital actuellement disponible.

De même les partisans du principe igné, pouvaient dire que ce principe se manifeste à nous toutes les fois que du charbon se combine à de l'oxygène et, par conséquent, le fait de savoir faire du feu avec des substances éteintes ne prouve aucunement qu'il n'y a pas de principe igné. Ce n'est plus qu'une question de mot. L'important est donc seulement de constater expérimentalement qu'il y a toujours une différence entre l'être vivant et son cadavre et qu'il n'y a pas dans la nature un seul être viable qui, dans des conditions convenables, ne soit pas vivant.

Rien n'est plus curieux, à cet égard, que l'histoire des êtres vivants dont la vie peut être suspendue par une dessication assez complète; rien ne montre plus nettement non plus combien nous sommes dupes de notre langage et combien il est facile de raconter les mêmes faits en se servant des théories les plus contradictoires.

Un rotifère desséché ressemble à un cadavre; il ne manifeste plus aucun des caractères auxquels nous reconnaissons la vie; cependant, si la dessication a été faite dans certaines conditions, il suffit de mouiller ce prétendu cadavre pour lui redonner toute l'apparence d'un rotifère bien vivant.

Si l'on n'a aucune idée préconçue sur la vie, on racontera ce fait en disant que l'eau est un élément nécessaire des réactions vitales, et que la suppression de l'eau suspend ces réactions; on a pu même suspendre provisoirement la vie de certains êtres en les privant d'oxygène, mais seulement pendant un temps très court; toutes les fois que, pour une raison ou pour une autre, la vie est suspendue, il y a à craindre une destruction du mécanisme, et c'est pour cela que, le plus souvent, la suspension momentanée de la vie entraîne sa suppression définitive. Les vitalistes ont imaginé, pour raconter ces faits, l'expression « vie latente » qui laisse supposer la conservation du principe vital avec impossibilité pour lui de se manifester tant que l'élément matériel manquant n'est pas restitué. De même une locomotive, même pourvue de son mécanicien, ne fonctionnera pas si elle manque d'eau dans sa chaudière; on dirait qu'elle a un mécanicien latent, si le mécanicien ne se manifestait à nous que par le fonctionnement de la locomotive.

Tout cela est une question de mot. Le rotifère desséché est-il vivant? Oui, disent les vitalistes, mais il a son principe vital à l'état latent. Pour les biologistes qui ne croient pas au principe vital, il y a là une difficulté qui exige une définition précise, car si l'on dit que le rotifère desséché est vivant et que le rotifère actif dans l'eau est également vivant, on attribue la même dénomination à deux objets notoirement différents. D'autre part, entre un rotifère desséché capable de revivre par immersion dans l'eau et un rotifère semblable porté à cent degrés et incapable de revivre par hydratation, il y a aussi des différences; il y a diverses manières d'être mort, comme il y a diverses manières d'être vivant. L'eau rend les apparences de la vie à un corps qui les avait perdues dans certaines conditions; le radium, ou telle influence physique, pourrait peut-être rendre les apparences de la vie à un corps qui les aurait perdues dans d'autres conditions. Aurait-on réalisé pour cela de la génération spontanée? C'est une question de définition. Dans la gélatine stérile où Burke a vu apparaître ses radiobes, y avait-il des cadavres de microbes, n'ayant besoin pour revivre que de l'influence des rayons du radium, comme les rotifères desséchés ont besoin d'eau? Si cela était, pourrait-on dire qu'on a fait de la vie avec de la mort? Tant que le langage ne sera pas plus précis, les discussions s'éterniseront. Essayons donc de le préciser.

§ 52. — DIFFICULTÉS THÉORIQUES PROVENANT DES CAS OU LA VIE MANIFESTÉE EST SUSPENDUE

L'idée de la vie et de la mort est si familière à l'homme que nous nous étonnons de rencontrer pour définir ces mots une difficulté quelconque. C'est que, lorsque nous parlons de la vie, nous pensons instinctivement à la vie de l'homme ou d'un animal supérieur; or, en général, quelle que soit la ressemblance entre l'homme et son cadavre, il y a des symptômes très nets d'après lesquels nous savons dire sans hésiter que tel corps est vivant, tel autre pas; encore se présente-t-il des difficultés pour les cas de syncope, et beaucoup de gens n'accepteront pas de dire que la syncope est une mort provisoire parce qu'ils ont l'idée préconçue que la mort ne peut être que définitive. La difficulté est bien plus grande quand il s'agit des représentants inférieurs de la vie, algues, champignons, lichens.

Cette tache grise arrondie, à bords festonnés, qui couvre comme une lèpre ce morceau de granit, est-elle vivante ou morte? Si je l'observe patiemment plusieurs heures, elle me paraît aussi inerte que le rocher qu'elle habite. C'est seulement en prenant des points de repère et en revenant voir les choses pendant de longs jours que je pourrai affirmer la vie de ce lichen incrustant. Je reconnaîtrai qu'il vit à ce qu'il a grandi ; il aura rongé le rocher et se sera accru à ses dépens et aux dépens de l'atmosphère: il aura fabriqué de la substance de lichen, de la substance semblable à la sienne propre, ce que l'on résume en disant qu'il a *assimilé*. Et c'est là le seul caractère vraiment général par lequel on puisse définir la vie pour tous les animaux et tous les végétaux on ne peut définir la vie que par l'*assimilation*

Or, ce caractère auquel on reconnaît la vie est à peu près masqué chez l'être que nous considérons comme le modèle des êtres vivants, l'homme adulte. Dans tous les animaux supérieurs, des phénomènes de destruction arrivent à contre-balancer, à un certain âge, les phénomènes de construction organique, et l'on dit justement qu'il y a état adulte, quand ce balancement est à peu près rigoureux ; mais cette difficulté disparaît si l'on observe les animaux plus jeunes ; l'enfant devient homme, le chevreau bouc, l'agneau brebis. Laissant donc de côté le cas des animaux adultes, nous disons qu'un corps est vivant quand il *assimile*, quand il construit aux dépens d'éléments différents empruntés au milieu de la substance semblable à la sienne.

Mais immédiatement se pose une question dans laquelle gît tout l'intérêt du problème de la génération spontanée. La spore de moisissure est-elle vivante? Je la dépose à sec sur une lame de verre, et je l'observe au microscope ; si le temps reste sans humidité, je puis l'observer des mois entiers sans qu'elle subisse de transformation. Duclaux a trouvé vers 1890, non modifiées dans les tampons de coton employés par Pasteur trente ans auparavant au cours de ses expériences de filtration d'air, des spores de moisissure qui étaient restées tout ce temps dans un endroit sec. D'après notre définition précise de tout à l'heure, nous devons donc dire que ces spores ne sont pas vivantes. Et cependant, si nous les semons dans du bouillon, nous les voyons germer et donner naissance au phénomène d'assimilation. Nous disons donc que ces spores ne sont pas vivantes au sens de la définition précédente, mais qu'elles sont susceptibles de vivre, si on les place dans un milieu convenable, — ce qui les distingue des spores semblables qui, portées à 110 degrés à l'autoclave et leur semblant identiques quand on les regarde au microscope, ne sont pas susceptibles de vivre dans le bouillon. Cette convention ne semble pas dangereuse; nous avons seulement distingué les corps en train de vivre[1] des corps susceptibles de vivre quand on leur fournit les conditions convenables; et cependant il y a là une fissure par laquelle va se perdre toute la précision de notre langage.

Voici un corps en train de vivre, c'est-à-dire d'assimiler; la suppression d'un élément essentiel du phénomène d'assimilation arrête le phénomène vital. Or cette suppression peut porter soit sur le corps vivant lui-même, soit sur le milieu dans lequel il vit. Dans le second cas, si le corps qui vivait tout à l'heure n'a pas subi de modification trop profonde du fait de la suppression de la vie, il suffira de lui fournir de

---

1. Je retrouve ici, sous une autre forme, l'affirmation dont je me suis servi plus haut, que la *vie* ne réside pas dans le corps vivant, mais résulte d'une lutte entre le corps vivant et le milieu : la vie est le résultat de la lutte de deux facteurs.

nouveau un milieu convenable[1], pour qu'il recommence à vivre comme par le passé ; c'est le cas des spores de moisissure et des rotifères desséchés.

Il n'en est plus de même si la suppression a porté sur un des éléments constitutifs de l'élément vivant lui-même ; alors, même dans le milieu le plus favorable, l'individu incomplet ne pourra par continuer à vivre ; il faudra lui restituer ce qui lui manque, et cela ne sera pas très facile ; autre chose est d'ajouter à un milieu liquide de grandes dimensions des éléments qui y sont solubles, comme de l'oxygène ou des sels ou du sucre, autre chose de restituer à une cellule microscopique quelque chose que nous ne connaissons même pas le plus souvent ; on pourrait convenir de dire que le corps considéré est vivant, quoique ne manifestant pas son caractère vital, lorsque c'est le milieu qui manque des éléments nécessaires à la manifestation de la vie, et que le corps est mort quand c'est à lui-même qu'a été enlevé un rouage indispensable. Mais cette convention, prise au pied de la lettre, conduit à cette conclusion imprévue que les animaux supérieurs ne se reproduisent qu'au moyen d'éléments morts.

Les éléments sexuels *mûrs*, spermatozoïdes et ovules, sont *morts* ; ils sont incapables d'assimilation dans les milieux les plus favorables de l'évolution de l'espèce à laquelle ils appartiennent ; ils sont incomplets. Mais les éléments dits mâles ont précisément

---

1. Il arrive quelquefois que la vie devient impossible, non pas parce que le milieu manque de certains éléments utiles, mais au contraire parce qu'il contient une accumulation d'éléments nuisibles ; la levure de bière qui a fait fermenter du moût cesse de vivre quand ce moût contient trop d'alcool ; il suffira alors de porter la levure dans un moût neuf pour qu'elle recommence à assimiler.

en eux ce qui manque aux éléments dits femelles, de sorte que la fusion d'un élément mâle et d'un élément femelle donne naissance à un élément vivant, l'œuf fécondé, qui est le point de départ d'un individu nouveau. Et ainsi, avec notre définition précédente, nous devons dire que deux animaux accouplés fabriquent réellement de la vie avec de la mort, en mettant en présence des éléments incomplets qui sont susceptibles de se compléter l'un l'autre.

La nature nous montre d'autres exemples aussi curieux, dans lesquels c'est un agent physique qui rend à un corps, mort en apparence, la possibilité de vivre. Certains crustacés vivent dans des flaques d'eau qui se dessèchent plusieurs fois par an ; ils y pondent des œufs qui ne peuvent se développer qu'après avoir été desséchés ; une année pluvieuse empêche-t-elle l'eau de la mare de s'évaporer complètement, les œufs pourrissent dans un milieu où les êtres qui les ont produits trouvaient les conditions d'existence les plus favorables. Pour d'autres espèces, les œufs ont besoin d'être soumis à une température très basse avant de se trouver capables d'assimilation ; si on les soustrait à l'influence hivernale, ils pourrissent au lieu de se développer. Voilà donc des corps qui sont morts, au sens de notre définition de tout à l'heure, soit parce qu'il leur manque quelque chose, soit, peut-être, parce qu'ils ont à leur intérieur quelque chose de trop, un élément nuisible dont ils doivent être débarrassés avant de pouvoir assimiler. Le plus souvent nous ne savons même pas quelle est la particularité dont la présence ou l'absence enlève à un corps donné la possibilité de vivre ; nous constatons les faits dans leur ensemble, et nous en tirons parti comme nous pouvons. De même, quand nous employons certains procédés d'antisepsie, nous ne savons pas qu'elle tranformation nous faisons subir aux microbes pour les empêchir de vivre ; peut-être quelques-uns des cadavres de microbes ainsi obtenus sont-ils susceptibles, sous l'influence de certains agents, de recommencer à assimiler ; j'ai laissé supposer précédemment que la génération spontanée annoncée par Burke dans la gélatine soumise à l'action du radium se ramenait à la réviviscence de bactéries tuées par la stérilisation ; en réalité, ce que l'on sait des expériences du savant de Cambridge n'autorise pas particulièrement cette hypothèse ; mais, pour exposer la question de la génération spontanée, il est naturel de commencer par le cas où ce phénomène est le plus facile à comprendre, tous les éléments constitutifs d'un être vivant se trouvant dans le cadavre de cet être vivant tant qu'il n'a pas subi d'altération trop profonde.

Les considérations précédentes, si elles ne nous conduisent pas encore au cœur de la question, ont du moins l'avantage de nous mettre en garde contre l'opinion courante relative à la vie et à la mort ; nous n'avons plus le droit d'attribuer à ces deux mots des valeurs absolues et antagonistes ; la seule définition logique à laquelle l'observation des faits ait pu nous conduire, nous montre souvent, en effet, dans l'histoire continue d'un même être, des périodes de vie et des périodes de mort ; et aussi, nous devons considérer qu'il y a des degrés dans la mort, qu'il y a des modifications de structure, suffisantes pour entraver l'assimilation, mais plus ou moins faciles à réparer suivant les cas.

Enfin, et c'est là quelque chose qui ne s'accorde pas avec l'hypothèse vitaliste, nous n'avons plus le droit de parler d'un être vivant comme d'une chose isolée; il n'y a pas d'être qui ait la vie en lui; la vie d'un être résulte de réaction entre cet être et le milieu ambiant, elle dépend de la nature de l'être et de la nature du milieu; de même une flamme résulte de la réaction entre un corps combustible et un milieu comburant; la flamme ne dure que si le milieu apporte sans cesse à la combustion des éléments indispensables.

Chez les êtres très élevés en organisation, la vie peut se prolonger quelque temps sans appel direct au milieu ambiant, parcequ'une portion du milieu est enfermée dans l'individu sous forme de réserves alimentaires; encore, même chez les êtres les mieux doués à ce point de vue, une alimentation gazeuse presque continue est-elle nécessaire; on ne peut pas vivre sans respirer; il faut donc renoncer à la vieille conception qui faisait de la vie un principe localisé dans l'être vivant et que cet être emportait avec lui au cours de ses pérégrinations; la vie est une réaction entre deux éléments dont l'un se caractérise par la faculté d'assimiler aux dépens de l'autre, de sorte que cet élément assimilateur, qui est l'élément vivant constitue dans le milieu un centre constructeur, un *individu*. Aussi lui applique-t-on le langage individualiste qui tend à la faire considérer comme un tout complet, alors qu'il n'existe que par le milieu.

Le problème de la génération spontanée se ramène donc à ceci : dans un milieu où il n'y a pas d'individu vivant, où les divers corps présents réagissent les uns avec les autres, suivant leur nature, sans qu'aucun d'eux assimile les voisins sans qu'aucun d'eux s'accroisse aux dépens des voisins, peut-il apparaître, sous des influences physiques ou chimiques, un corps doué de propriétés assez bien définies pour être reconnaissable à l'observateur, et qui constitue dans le milieu un centre d'assimilation ?

Le problème, ainsi posé, n'exclut pas les cas précédemment signalés, où il y aurait, dans le milieu, un ovule ou un spermatozoïde par exemple; sous l'influence de réactions non vitales, puisque l'assimilation est impossible, ces deux éléments se trouveraient portés l'un vers l'autre et de leur union résulterait un œuf doué d'assimilation. Il y aurait donc, au sens absolu, génération spontanée, puisque la vie apparaîtrait dans un milieu où elle ne préexistait pas; mais, quelque importance philosophique que présente la constatation de ce fait de la création d'un être vivant au moyen de corps non doués de vie, quoique, pour des esprits non prévenus, cela comble le fossé créé par notre imagination entre la vie et la mort, de telles observations ne satisferont pas ceux qui prétendent que la vie n'a pu apparaître spontanément à la surface de la terre, puisque l'ovule et le spermatozoïde considérés provenaient d'être vivants préexistants. Il faut laisser de côté tous les cas où la vie a réapparu dans des cadavres résultant d'êtres vivants antérieurs et limiter le problème à l'apparition de la vie dans un milieu où il n'y a ni être vivant ni cadavre d'être vivant. Pour étudier le problème ainsi limité il faut envisager les conditions chimiques de la vie et ses conditions physiques.

§ 53. — NOTRE IGNORANCE DE LA STRUCTURE DES CORPS VIVANTS

L'assimilation étant caractéristique de la vie on s'est proposé de rechercher de quelle sructure moléculaire elle dépendait, quel mécanisme chimique pouvait l'expliquer ; jusqu'à présent, la science n'a pas encore donné de solution à cette question ; on sait que les substances vivantes sont de constitution très complexe ; on connaît les éléments de leur composition, mais on n'a pas encore pu écrire leur formule atomique comme on écrit celle des alcools, des corps gras et de la benzine ; on n'a pas encore découvert l'arrangement des éléments constitutifs de la molécule vivante. Or, sauf des cas de hasard heureux, on ne doit guère espérer faire la synthèse d'une substance chimiquement définie avant de connaitre sa sructure ; on ne peut pas reproduire intégralement un palais ou une machine sans connaitre tous les détails de construction du palais ou de la machine. Il faut donc accepter avec réserve l'annonce de découvertes obtenues en faisant réagir au hasard un corps sur un autre corps ; il est vraisemblable que l'analyse atomique complète des substances vivantes précédera leur synthèse. La chimie organique fait d'ailleurs depuis quelques années des progrès si extraordinaires que rien ne paraît devoir limiter le champ de ses découvertes, et nous avons le droit d'espérer que le vingtième siècle verra la synthèse méthodique d'éléments capables d'assimilation. Mais il est probable que, plusieurs fois encore, avant la découverte définitive, des chercheurs seront victimes d'illusions et prendront pour la vie l'apparence de la vie.

C'est qu'en effet, si les substances vivantes ne peuvent être réellement caractérisées que par l'assimilation, elles présentent néanmoins, dans leur aspect extérieur, un certain nombre de particularités auxquelles il est souvent facile de les reconnaître au milieu des substance brutes ; mais ces particularités d'état physique ne suffisent pas toujours à distinguer l'être vivant de son cadavre ; elles sont indispensables à la vie, elles ne déterminent pas la vie ; et l'on a pu souvent croire que l'on avait créé de la matière vivante alors que l'on avait seulement reproduit un grossier modèle physique de l'état ordinaire dans lequel on connaît la matière vivante.

§ 54. — HYPOTHÈSE D'UNE INFLUENCE RESSUSCITANTE DES RAYONS DU RADIUM

On sait que certains rayons, découverts depuis quelques années, et en particulier certains rayons que produit le radium, ont la singulière propriété de décharger les corps électrisés ; ces rayons doivent donc, dans certains cas, être capables de coaguler les colloïdes[1] ; or on a constaté, précisément, que ces rayons peuvent avoir une influence considérable, souvent néfaste, sur les phénomènes de la vie. Peut-être cette influence est-elle simplement physique et a-t-elle pour résultat, en coagulant les protoplasmas, de s'opposer à des réactions assimilatrices auxquelles l'état protoplasmique paraît indispensable.

1. V. plus haut, p. 43, les considérations élémentaires sur le rôle de l'électrisation de contact dans la stabilité des colloïdes.

Dans cette voie, où l'observation directe est si difficile, on doit s'en tenir à des hypothèses, mais il est vraisemblable que l'on découvrira là des choses étonnantes. Les rayons qui déchargent les corps électrisés, sont eux-mêmes porteurs de charges électriques; ils peuvent peut-être restituer à des corps qui les ont perdues, les charges dont ils avaient besoin pour se trouver à un certain état physique bien défini. Lorsque, par exemple, nous avons tué un microbe par la chaleur, nous ne savons pas trop ce que nous avons fait; peut-être avons-nous seulement coagulé son protoplasma, comme on coagule du blanc d'œuf par la cuisson. Mais alors, si les globules du colloïde coagulé se sont seulement rapprochés, sans se fondre, pourquoi l'intervention du radium ou d'une radiation électrisante convenable, ne leur rendrait-elle pas la charge électrique qui leur permet de reprendre leur état primitif, leur *position d'assimilation?*

Si cela était, le radium pourrait rendre la vie à des microbes atteints, si j'ose m'exprimer ainsi, de *mort physique*, c'est-à-dire à des microbes qui ont perdu précédemment, sous une influence quelconque, l'état colloïde, l'état physique qui permettait à leurs substances chimiques de s'accroître aux dépens des substances du milieu. Alors, il n'y aurait pas synthèse de substances vivantes, mais seulement restitution, à des substances ayant déjà la structure chimique nécessaire, de l'état physique qui permet à cette structure de se manifester par le phénomène d'assimilation. On peut penser, jusqu'à preuve du contraire, que, dans la gélatine où Burke a vu apparaître ses radiobes, il y a seulement eu réviviscence de bactéries précédemment atteintes de mort physique; mais alors, ces radiobes sont des microbes ordinaires qui ne doivent plus différer en rien des autres microbes connus. En particulier, une fois transportés, de cette gélatine où le radium les a ressuscités, dans un bouillon nouveau soustrait à l'influence du radium, ils devraient continuer de vivre et d'assimiler ; or, il semble résulter de ce qu'on sait actuellement du travail du savant de Cambridge, que les radiobes ne sont pas susceptibles d'être semés et de se multiplier dans d'autres conditions que celles où ils sont nés.

Si cela est, on doit faire d'autres hypothèses.

§ 55. — LES RADIOBES SERAIENT UN TYPE NOUVEAU D'ÊTRES VIVANTS

La première, la plus favorable à la démonstration de la possibilité d'une génération spontanée, serait que les radiobes nés sous l'influence du radium sont des êtres nouveaux, dans les conditions de vie desquels intervient, comme élément nécessaire de tous les instants, la présence des radiations du radium ; cela ne serait pas bien extraordinaire, car nous connaissons la nécessité des radiations calorifiques, par exemple, dans la vie manifestée des autres espèces vivantes. Ce qui serait plus difficile à admettre, ce serait que, dans la gélatine, se trouvassent réunies, précisément, toutes les conditions nécessaires à la synthèse chimique immédiate d'une substance vivante, sous l'influence physique des rayons-du-radium. Ce serait un hasard merveilleux, mais non impossible, et, quand on parle de l'apparition spontanée de la vie à la surface de la terre, on invoque un hasard du même ordre qui, il est vrai, ne s'est peut-être produit qu'une fois depuis que le monde existe, car une seule synthèse de substance vivante suffit à la théorie évolutionniste pour l'explication de l'existence actuelle de millions d'espèces. Les communications ultérieures de Burke nous permettront de savoir si ce hasard s'est rencontré dans l'action du radium sur une solution de gélatine.

§ 56. — LES RADIOBES N'AURAIENT QUE L'APPARENCE PHYSIQUE DE LA VIE

La deuxième hypothèse, qui, il faut bien l'avouer, paraît pour le moment bien plus vraisemblable, c'est que les radiobes, nés dans la gélatine sous l'influence physique des rayons du radium et non susceptibles d'être semés ailleurs, n'ont que l'apparence de la vie ils ne se composeraient pas de substance réellement vivante, mais bien de gélatine mise en mouvement sous l'influence du radium ; ce seraient simplement de petits tourbillons dans le colloïde qu'est la solution de gélatine, tourbillons qui sous telle ou telle influence physique, se diviseraient en un nombre plus ou moins grand de tourbillons analogues, tous entretenus par l'action du radium. Il n'y aurait pas alors d'assimilation ; il n'y aurait pas de vie.

Grâce à l'état protoplasmique des substances vivantes, l'assimilation, au lieu de déterminer l'augmentation indéfinie d'une masse vivante donnée, s'accompagne de fragmentations nécessaires ; la cellule n'étant pas dissoute dans le milieu où elle vit, les réactions qui se font au sein de sa substance ne peuvent s'entretenir qu'aux dépens d'échanges incessants entre cette substance et le milieu, et ces échanges constituent un mouvement tourbillonnaire qui limite la dimension des cellules et même leur donne leur forme spécifique. Mais ce tourbillon, s'il est une des conditions accompagnant nécessairement la vie, n'est pas la vie pour cela ; la vie, c'est l'assimilation. Si, sous l'influence du radium, il se produit, dans une solution de gélatine, de petits tourbillons qui se scindent de temps en temps, et si ces tourbillons sont simplement des tourbillons de gélatine, il n'y a là que l'apparence de la vie, de même qu'il n'y a que l'apparence de la vie dans les émulsions réalisées par Bütschli au moyen d'huiles et de savons, et qui prennent une forme d'équilibre mousseuse, ressemblant à des agglomérations de cellules.

En résumé, avec ce qui nous a été communiqué, jusqu'à présent, des expériences faites à Cambridge, nous sommes en présence de trois hypothèses ; l'une dans laquelle il y aurait, sous l'influence du radium, réviviscence de microbes morts; une autre dans laquelle le radium aurait seulement créé, au sein de la solution de gélatine, des tourbillons ayant l'apparence physique de la vie ; une troisième enfin, moins vraisemblable, dans laquelle un hasard aurait déterminé la véritable synthèse d'une substance vivante qui a besoin, pour vivre, des radiations du radium. C'est seulement dans ce troisième cas qu'il y aurait eu réellement génération spontanée, et mise en défaut de la loi : *Omne vivum ex vivo*.

Il est plus vraisemblable que cette loi sera mise en défaut seulement quand, par l'analyse, on sera arrivé à connaître la structure des substances vivantes, de manière à essayer leur synthèse méthodiquement et sans compter sur le hasard.

§ 57. — QUELLE SERAIT L'ESPÈCE OBTENUE PAR LA GÉNÉRATION ARTIFICIELLE SI ON LA RÉALISAIT ?

Si l'on arrivait à la synthèse d'une substance vivante que serait-elle ? Il est bien probable qu'elle n'appartiendrait à aucune des espèces actuellement connues, à moins que, par l'analyse, on eût déterminé exactement la structure d'une espèce donnée, au point de pouvoir en construire artificiellement un échantillon identique. Il est plus vraisemblable que, sans connaître avec autant de précision la structure très complexe d'une espèce vivante, on arrivera seulement à découvrir le caractère de structure par lequel les substances vivantes se distinguent des substances mortes : et alors, par synthèse, on réalisera peut-être quelque chose qui n'a encore jamais existé, mais qui, néanmoins, sera vivant. La vie a eu et a tant de milliers de formes différentes que nous n'avons aucune raison de penser qu'il n'y en a pas encore une infinité d'autres qui sont possibles. Ce qui nous étonne le plus, dans la sérénité avec laquelle les spontanistes ennemis de Pasteur acceptaient l'apparition normale des infusoires dans les liquides, c'est qu'ils ne s'émerveillaient pas de constater que, ce qui apparaissait, c'étaient toujours des animaux ou des végétaux *appartenant à des espèces connues*. Et pourtant, ils venaient après Darwin !

Ils ne devaient pas ignorer que, être aujourd'hui une espèce vivante, cela exige une continuité de vie de plusieurs milliers de siècles, au cours desquels des événements infiniment variés se sont inscrits dans l'hérédité de la lignée ; chaque espèce existant actuellement est quelque chose d'infiniment précis, et qui raconte, à qui sait la lire, toute une longue histoire pleine de détails extraordinaires, de cataclysmes et de lentes variations. Comment admettre qu'un hasard quelconque, déterminant, avec la banalité que lui prêtait Pouchet, l'apparition d'êtres vivants dans les infusions, reproduisît précisément les espèces déjà existantes, avec le fardeau de leur hérédité séculaire?

S'il apparaissait de la vie constamment, le nombre des espèces augmenterait chaque jour forcément : et il n'augmente pas ! Cette constatation me paraît être la réponse la plus parfaite à ceux qui seraient tentés de reprendre les errements des spontanistes.

Cela laisse d'ailleurs entière la question même de la possibilité de la génération spontanée; que la reproduction d'une substance vivante soit possible à la chimie du vingtième siècle, c'est ce que pensent tous les savants débarrassés des vieilles idées sur l'existence d'un abîme entre la vie et la mort ; ce qui, pour nos ancêtres ignorants était un abîme, est aujourd'hui à peu près comblé. Mais si cette synthèse est possible, elle est sûrement très difficile et le hasard ne doit pas en avoir souvent réuni les conditions. Il suffit, d'ailleurs qu'il les ait réunies une fois, pour que nous existions tous aujourd'hui et que la face du monde ait été changée. La terre a certainement été trop chaude à un certain moment pour que cette substance vivante y fût possible ; la vie n'existait pas ; elle existe aujourd'hui ; donc elle a apparu. Cela est certain, car ceux qui pensent à une autre forme de vie, ayant pu se manifester à des températures de plusieurs milliers de degrés, imaginent une chose qui n'est certainement pas devenue la vie actuelle. Lord Kelvin a supposé que la vie avait été apportée sur la terre par un bolide ; cela n'est pas impossible, mais ne résout pas le problème ; que la vie ait apparu sur la terre ou sur un autre astre, il a toujours fallu le même hasard ; l'hypothèse du bolide semble plutôt compliquer les choses.

Quand la chimie aura fait la synthèse d'une substance vivante, on ne s'étonnera plus que la vie ait apparu une première fois toute seule, de même qu'ont apparu les granits, les porphyres et autres minéraux à structure très précise, dont quelques-uns seulement ont été, jusqu'à présent, reproduits par les savants dans les laboratoires. Quand on aura fait de la vie, on pourra affirmer que la vie peut être faite avec de la mort ; jusque-là, il restera toujours des gens qui prétendront que la chose est impossible. Il y en a même eu qui ont voulu, scientifiquement, démontrer l'impossibilité matérielle de cette synthèse ; cet effort très intéressant mérite d'être rapporté en quelques lignes :

§ 58. — GÉNÉRATION SPONTANÉE ET DISSYMÉTRIE MOLÉCULAIRE

On sait que certains corps cristallisés ont une forme *dissymétrique*, c'est-à-dire telle que, si l'on reproduit cette forme dans une glace, l'image ne sera pas superposable à l'objet ; c'est l'histoire de notre main droite et de notre main gauche, le gant de la main droite ne saurait aller à la gauche, mais, vue dans un miroir, la main droite devient la main gauche. Pasteur a transporté dans le domaine moléculaire cette notion tirée du domaine cristallographique ; il a montré que les molécules de certaines substances peuvent avoir deux types non superposables, et que l'on appelle le type droit et le type gauche. Or, précisément, toutes les substances vivantes, quelles qu'elles soient, sont gauches ! Et l'on ne connaît pas de substance vivante qui soit droite ! Les substances vivantes, étant dissymétriques, fabriquent naturellement des produits dissymétriques, de sorte que nous retrouvons une dissymétrie étonnante dans les matières organiques résultant de la vie, les tartres, les sucres, etc.

Pasteur, au début de ses études, avait cru que la dissymétrie est l'apanage de la vie, et il avait défié les savants de reproduire, par synthèse, un corps dissymétrique quelconque. On en fabriqua presque immédiatement, et, devant l'évidence, Pasteur modifia sa formule et dit : « Il est impossible de produire, dans un laboratoire, en prenant comme point de départ des corps symétriques, une substance dissymétrique quelconque, sans produire fatalement à la fois le *même nombre* de molécules des deux types dissymétriques inverses, ce qui produit une sorte de symétrie par compensation. » En termes plus grossiers, il est impossible de fabriquer des mains gauches sans fabriquer fatalement le même nombre de mains droites.

Il y a sept ans, cet argument de Pasteur a été repris par le professeur Japp, qui, dans un discours retentissant, à la séance d'ouverture de la « British Association », a prétendu démontrer irréfutablement l'impossibilité de la génération spontanée : « L'apparition d'une substance dissymétrique donnée, sans la substance dissymétrique inverse est, dit-il, *absolument inconcevable* sans l'intervention d'une force dissymétrique préexistante ; or, en dehors des forces vitales, il n'y a pas sur la terre de forces dissymétriques; donc la dissymétrie n'a pu apparaître sur la terre avant la vie. Bien plus, la vie elle-même se manifestant dans des corps dissymétriques n'a pu apparaître que sous l'influence d'une force dissymétrique préexistante, d'une intelligence capable de faire un choix entre deux composés dissymétriques, d'où la nécessité d'une création. »

L'argumentation du professeur Japp eut un grand retentissement, car la question de la génération spontanée passionne toujours l'opinion publique; aussi, dans le journal anglais *Nature*, qui avait reproduit son discours, parurent successivement des réponses émanant de savants du monde entier, et des plus considérables. Le professeur Japp essaya de résister aux attaques dont il était l'objet, mais il ne put y arriver qu'en changeant de position; déjà, un mois après sa première publication, il avait retiré l'expression « absolument inconcevable » pour la remplacer par « improbable », ce qui enlevait toute valeur à sa démonstration; enfin trois mois après, il baissa définitivement pavillon. Je ne signalerai pas tous les arguments qui lui furent opposés; je me contenterai d'en choisir quelques-uns parmi les plus frappants.

Herbert Spencer, par exemple, fit remarquer qu'il est insensé de nier l'existence sur la terre de forces dissymétriques, car enfin la terre tourne sur elle-même, et toujours dans le même sens; cela est dissymétrique; si l'on regardait dans une glace l'image d'une boule qui tourne de droite à gauche, on la verrait tourner de gauche à droite. Pasteur lui-même y avait bien songé, et il a gaspillé plusieurs mois à essayer de mettre en évidence l'action dissymétrique de la rotation de la terre ; les difficultés expérimentales qu'il rencontra le rebutèrent heureusement, sans quoi il aurait peut-être aiguillé ses recherches dans un autre sens, et nous ne bénéficierions pas aujourd'hui de son œuvre gigantesque.

A cette remarque, Japp répondit que, si la terre regardée par le pôle nord tourne de gauche à droite, elle tourne en sens inverse si on la regarde par le pôle sud. Mais la vie n'a pas apparu partout à la fois ; il est même possible qu'elle n'ait apparu qu'une fois et en un seul point ; ce point appartenait à l'un ou à l'autre hémisphère ; il y avait donc là une cause de dissymétrie.

Enfin, on sait que si, dans une solution saline, on introduit une substance dissymétrique, sa dissymétrie propre peut être prépondérante ensuite dans les résultats de la cristallisation[1] ; supposez donc que, en un point quelconque, aient apparu en quantités, égales comme le veulent Pasteur et Japp, des cristaux droits et des cristaux gauches d'une même substance et que le vent disperse ensuite ces cristaux ; l'un d'eux tombant isolé dans un milieu où des réactions se passent y introduira sa dissymétrie propre ; on peut imaginer des milliers de cas semblables.

Une fois une molécule vivante synthétisée, elle se reproduit, *semblable à elle-même* par assimilation ; elle conserve donc à ses descendants sa dissymétrie particulière. Si une molécule vivante ne s'est produite spontanément qu'*une fois*, elle était forcément droite ou gauche ; et la vie qui, de cette origine unique,

---

1. C'est là un phénomène d'assimilation physique comme ceux dont je parle ailleurs. (V. chap. i et ii.)

est partie pour conquérir le monde a conservé la dissymétrie originelle.

Il n'y a là que des hypothèses ; ces hypothèses ont suffi cependant à détruire l'argumentation du professeur Japp. Tant qu'on n'aura pas synthétisé une substance vivante, personne n'aura le droit d'affirmer que cette synthèse est possible ; mais ce qu'il faut dire avec fermeté, c'est que jusque-là personne non plus n'a le droit, en s'appuyant sur des considérations scientifiques, de prétendre que la matière vivante, ne peut sortir parfaite d'un laboratoire de chimie. Jusque-là, chacun conservera son opinion préétablie, chacun croira, pour des raisons de sentiment, à la possibilité ou à l'impossibilité de la génération spontanée, et les raisons de sentiment n'ont pas grand poids dans l'histoire du progrès humain[1].

1. Depuis que j'ai écrit cette étude de la génération spontanée, on s'est de plus en plus convaincu que la découverte de Burke est illusoire, et que, même le radium n'est pas indispensable à la production des effets qu'il a observés ; mais cela n'enlève rien à la valeur de la discussion précédente relativement au problème posé.

LIVRE V

LA LUTTE DES CORPS BRUTS

CHAPITRE XIII

La définition des « corps » dans le monde inanimé

> « To be or not to be. »

§ 59. — LIBRES CONVENTIONS DANS LA DÉFINITION DES CORPS BRUTS

« Les minéraux sont, disait Linné, les végétaux vivent et croissent, les animaux vivent, croissent et sentent. »

La terre *est;* ce paysage que je vois par ma fenêtre *est*, mais il fait partie de la terre; cette maison *est*, mais elle fait partie du paysage; cette pierre *est*, mais elle fait partie de la maison, etc... La terre, le pays, la maison, la pierre sont des éléments de la description que je me fais à moi-même du monde ambiant; je puis, à ma fantaisie, circonscrire tel ou tel ensemble dans cette description, et en parler comme d'une chose à part ; je puis m'intéresser, si je veux, à la cheminée de la maison, cheminée qui est formée de pierres, de mortier, etc. Une fois que j'aurai ainsi délimité une partie du monde ambiant, je lui donnerai un nom ; je l'appellerai cheminée, ou champ, ou tuile, ou nuage ; ma fantaisie aura créé un *corps* dont je saurai parler plus ou moins clairement et je n'affirmerai pas autre chose en disant que ce corps *est*.

Ma fantaisie n'a pas de bornes ; je puis décrire comme il me plaît le paysage que j'ai sous les yeux ; je dirai, par exemple qu'il est formé de champs, de landes, de bois, de maisons, mais je pourrai tout aussi légitimement le supposer découpé en petits carrés tous égaux, que je numéroterai pour les décrire séparément, et dont chacun aura, par lui-même, son existence propre, comme la maison, le champ ou la lande. Quel que soit le mode de description auquel je m'arrête, j'aurai par ce seul fait d'avoir choisi un mode de description, créé un certain nombre de corps, dont l'existence sera le produit de ma volonté ; je n'ai aucune raison sérieuse de choisir un mode de description plutôt qu'un autre ; si je regarde le paysage à travers une toile métallique je le découperai volontiers en petits carrés ; dans d'autres conditions, je m'arrêterai probablement à une toute autre division du pays.

Cependant, si plusieurs hommes observent d'un même point le même panorama, il arrivera généralement que tous s'arrêteront, sans entente préalable, à la même manière de le décrire ; ils diront, par exemple : « La fumée qui sort de la cheminée de cette maison couverte en tuiles masque une partie du bois de pins qui couronne la lande ». La fumée, la cheminée, la maison, les tuiles, le bois de pins, la lande, sont des parties du paysage qui frappent plus immédiatement l'observateur humain; ce sont les éléments humains de la description du paysage; ces éléments seront communs à toutes les descriptions faites par des hommes normaux ayant eu une éducation analogue.

La similitude des descriptions humaines d'un même ensemble tient à la similitude des organes des sens des divers individus de notre espèce[1]; les yeux de tous les hommes sont frappés à peu près de la même manière par les jeux de lumière et d'ombre; à part quelques exceptions fort rares, nous nous entendons aussi à peu près pour les couleurs, quoiqu'en dise le proverbe, et la vue est pour l'homme le moyen d'étude le plus parfait; c'est pour cela que la fumée, par exemple, qui, en tant que masse, est négligeable par rapport aux maisons et aux pierres, joue néanmoins dans la description d'un paysage un rôle aussi important que les maisons et les pierres; c'est que la fumée arrête la lumière et la diffracte; elle prend pour l'observateur humain l'aspect de quelque chose de résistant; elle a un contour nettement tracé, une couleur spéciale; de même un flocon de vapeur, un nuage. Les corps ont une existence pour nous quand nous les voyons nettement limités par rapport aux corps voisins; ils cessent d'être quand ils perdent leur visibilité; le vent dissipe la fumée, l'eau dissout le morceau de sucre; ces deux phénomènes sont, pour moi observa-

---

1. Et à la similitude de leur éducation ancestrale.

teur, tout à fait comparables; le vent d'une part, l'eau d'autre part, ont enlevé leur existence visuelle à deux corps, la fumée et le sucre, que mon œil délimitait dans l'ambiance.

Voilà déjà un grossier exemple des luttes auxquelles nous assistons : tel corps, que nous définissons au moyen d'un de nos organes des sens, fait évanouir tel autre corps que nous définissions au moyen du même organe ou d'un autre ; nous sommes amenés, à des moments différents, à décrire au même endroit des corps différents ; il y a des transformations dans l'ambiance, et ces transformations se manifestent à nous par l'apparition de certains corps, la disparition de certains autres.

Les corps que crée dans le monde le jeu de nos organes des sens, ont, suivant les cas, une existence plus ou moins précaire. Quelques-uns, parmi les objets familiers qui nous entourent, jouent dans notre vie un rôle particulièrement important; ce sont les corps solides. Un caillou, un encrier, un morceau de bois, conservent, en dépit des variations de la lumière, des éléments de description invariables, constituant leur forme, et qui sont accessibles aussi bien à notre toucher qu'à notre vue. L'homme a de tout temps redouté les illusions que lui procure l'emploi d'un seul de ses sens; quand il vérifie l'existence d'un objet au moyen de deux ou plusieurs de ses organes il est beaucoup plus sûr de lui; c'est pourquoi les corps solides qu'il connaît à la fois par la vue et par le tact ont joué le premier rôle dans son éducation spécifique[1].

1, V. *Les Influences ancestrales, op. cit.*

Quand nous avons vu et touché, pendant des mois et des années, sans constater en eux de modification appréciable, des corps solides comme une pierre, une table, un encrier, nous sommes naturellement conduits à attribuer à ces objets une existence indépendante de notre observation et à dire sous une forme absolue avec Linné : « Mineralia sunt. » Nous parlons de ces objets comme d'individus; nous les comparons plus ou moins à nous-mêmes. Nous ne nous disons pas que le fait d'attribuer à l'état solide, à l'état liquide ou à l'état gazeux d'un corps une importance prépondérante, tient à notre nature d'homme; les rayons de Röntgen par exemple, ne semblent pas faire de différence entre ces trois états des corps, et si notre système de connaissance était réduit à ce qui peut provenir des rayons X, nous serions désarmés devant la distinction des solides et des liquides.

Surtout quand il s'agit de corps solides qui ont une durée considérable par rapport à celle de notre vie, nous sommes tout naturellement disposés à leur attribuer une véritable individualité. Un bloc de maçonnerie étant fabriqué au moyen de morceaux de granit agglomérés artificiellement par du ciment, nous ne pouvons pas ne pas nous étonner quand le démolisseur qui brise le bloc ne respecte pas les individualités primitives; les fractures réalisées par la pioche passent aussi bien à travers le granit que le long des lits de ciment, parce que le ciment est aussi solide que le granit, et nous nous étonnons, parce que nous considérions chaque morceau de granit comme ayant conservé sa personnalité dans le bloc. Dans les laboratoires de physique, les élèves assistant à l'expérience de Tyndall sur la plasticité de la glace, s'étonnent que le morceau de glace qu'ils ont *vu* couper en deux par le fil métallique, et qui a même conservé le long de cette section des propriétés optiques spéciales[1], se casse ensuite, quand on le jette fortement à terre, suivant des surfaces capricieuses n'ayant rien de commun avec sa section par le fil; nous croyons toujours que ce que nous voyons est plus important que ce que nous ne voyons pas.

Notre vue et notre toucher sont les deux sens auxquels nous attribuons le plus de valeur pour la définition des corps; or un corps solide existe à la fois pour notre vue et pour notre toucher; c'est pour cela que, quand nous parlons de *corps*, nous pensons toujours d'abord à des corps solides.

Les gaz, au contraire, sont très peu accessibles à notre investigation directe; c'est ce que nous exprimons en disant qu'ils sont plus subtils; ils frappent néanmoins notre vue quand ils sont colorés, notre odorat quand ils sont odorants, mais ils n'ont jamais, comme les solides, l'aspect de *corps* pour nos yeux ou notre toucher, à moins qu'ils soient limités par une enceinte formée de solides ou de liquides, ou bien qu'ils contiennent en suspension des particules solides ou liquides capables de réfracter la lumière; dans ces deux cas, ce que nous voyons, ce ne sont pas les gaz eux-mêmes, mais bien les solides et les liquides qui les limitent ou les encombrent. Pour l'homme peu instruit des choses de la physique, les endroits remplis par les gaz purs sont des endroits *vides*, dans lesquels il n'y a pas de *corps*.

1. A cause des bulles d'air ou de toute autre cause d'hétérogénéité.

Les liquides occupent une place intermédiaire dans notre conception du monde extérieur ; ils sont accessibles à notre vue et à notre toucher ; même, dans certains cas, quand ils sont en très petite quantité par exemple, ils existent pour nous au même titre que les corps solides ; une goutte de rosée qui brille sur une feuille de trèfle ne se distingue pas, à la vue, d'une sphère de cristal de même dimension. Mais ordinairement, les liquides que nous rencontrons autour de nous en masse considérable occupent un espace limité par des corps solides dont ils épousent la forme, sauf à l'endroit que l'on appelle leur surface libre, et où un plan horizontal les sépare de l'ambiance gazeuse. La forme du liquide ne nous apparaît donc pas comme *personnelle* au liquide, contrairement à ce qui se passait pour le corps solide, type idéal du *corps*. Nous constatons au contraire que le liquide tire sa forme de ses relations actuelles avec les solides et les gaz. Si donc, comme cela est très naturel à l'homme doué de vue et de tact, nous définissons un corps par son contour, la définition du corps liquide dépend de celle des corps avec lesquels il est en contact ; les corps solides sont le point de départ obligé de toute description du monde ambiant.

Le corps solide seul nous paraît avoir une existence indépendante et absolue ; une pièce d'or reste à peu près identique à elle-même, au cours de plusieurs vies humaines, soit qu'on la place dans le vide de la machine pneumatique, soit qu'elle se trouve dans un gaz, soit qu'elle soit plongée dans l'eau. C'est l'observation des corps solides qui nous a donné la notion trompeuse de la stabilité, de l'immutabilité des choses. C'est à cause d'eux que nous n'éprouvons aucune difficulté à parler de *corps* qui *sont*, par eux-mêmes, indépendamment du reste du monde ; un homme n'ayant d'autre éducation que celle qu'il a tirée de ses propres moyens d'observation, n'hésitera pas à affirmer qu'une pièce d'or resterait ce qu'elle est, indéfiniment, si on arrivait à l'isoler effectivement de toute influence extérieure, à la placer dans ce qu'un physicien appellerait le vide absolu, à une distance infinie du monde stellaire ; c'est là une conception fondamentale chez l'homme et qui ne disparaîtrait que bien difficilement, même chez un observateur ayant constaté la dissolution de l'or dans l'eau régale...

§ 60. — LE CONTOUR DES CORPS

Le corps, limité par un contour, a des propriétés ; ces propriétés sont tous les éléments de description que l'on peut découvrir par les moyens humains d'investigation, par les organes des sens aidés des instruments. L'ensemble des propriétés d'un corps, c'est sa description complète. Qu'un seul élément de la description ait changé, nous devrions dire que le corps a changé puisqu'il n'est plus identique à lui-même ; mais, si nous avons *suivi* son existence d'une manière continue, nous lui conservons le même nom à travers toutes les transformations qu'il a subies ; la seule condition nécessaire pour cela est qu'il n'y ait pas eu d'interruption dans les phénomènes d'après lesquels nous disons que le corps existe, comme d'avoir un contour perceptible à la vue et au toucher ; c'est ainsi que nous créons l'individualité des corps.

Cette expression *individualité* est empruntée à la

biologie[1] ; elle a un sens quand il s'agit de corps vivants ; elle n'en a pas quand il s'agit de corps bruts soumis à des variations désordonnées ; elle joue cependant un rôle prépondérant dans le langage humain et elle encombre toute notre philosophie.

Un gros cristal de feldspath est détaché d'un bloc de granit sur la grève, et se trouve soumis aux caprices des marées ; *il* est ballotté entre d'autres cailloux ; *ses* angles s'arrondissent ; *son* volume s'amoindrit ; mais si je *l*'ai suivi des yeux, quelque longtemps que ce soit, je dirai que c'est toujours le même *caillou ;* lancé dans un champ et soumis aux actions délétères de l'humus, ce *caillou* n'aura plus au bout de quelque temps rien de commun avec le morceau de feldspath originel ; *sa* structure chimique aura changé ; mais tant qu'*il* n'aura pas été réduit en poussière d'argile et dispersé par l'eau ou par le vent, je *lui* conserverai le même nom.

Ce nom ne signifie rien, si ce n'est que je me suis attaché à suivre une série de phénomènes définie par la continuité de l'existence d'un contour permettant d'individualiser un objet. Dans certains cas, je dirai même que le corps existe dans un endroit où il ne peut plus être vu, comme par exemple quand j'ai mis une pelote de sucre dans un verre d'eau ; la pelote de sucre a disparu ; je suis sûr de ne pouvoir jamais la retrouver avec tous ses caractères primitifs de forme et de structure, et cependant, comme je l'avais douée d'une existence absolue, je déclarerai qu'*elle* est dans l'eau qui *l*'a dissoute. Cette affirmation n'aura qu'une valeur historique ; elle signifiera

---

1. V. *Traité de Biologie, op. cit.*, § 93. La définition de l'individu.

seulement que, au nombre des éléments qui ont collaboré dans le passé à la genèse de ce qui est maintenant un verre d'eau sucrée a existé une pelote de sucre qui a eu telles et telles caractéristiques.

Les phénomènes de dissolution sont les plus importants dans l'histoire humaine des corps, car le premier caractère qui nous serve à déclarer qu'un corps *est*, c'est l'existence d'un contour qui le limite dans l'espace; ces phénomènes de dissolution ne sont pas d'ailleurs limités aux corps solides; un nuage *est*, tant qu'il est visible; il cesse *d'être* quand, à l'endroit où il se trouvait, la lumière ne se diffracte plus; les phénomènes de dissolution, de digestion, jouent le principal rôle dans l'histoire des corps vivants, qui ne sont pas des corps solides et que nous avons étudiés dans les chapitres précédents.

Nous attribuons un intérêt moins immédiat aux transformations qui conservent les contours des corps et ne modifient que leur structure intime. Un granit, soumis aux actions chimiques de la terre végétale superposée, se transforme profondément; mais, pendant des siècles et des siècles, il peut conserver néanmoins son apparence de granit; les contours des cristaux de feldspath restent aussi nets que dans un granit neuf, et il suffit cependant de gratter la pierre avec un bâton pour la faire tomber en poussière[1]; la modification était donc profonde, mais nous ne l'avons considérée comme telle, que lorsqu'elle a permis la destruction de la forme, du contour de l'objet. Tant que le contour a existé, il a

---

1. Cela a lieu par exemple pour les cailloux roulés de granit qui existent dans les conglomérats de la mollasse.

défini un corps qui a eu, historiquement, une existence continue.

En résumé, ce qui nous intéresse le plus violemment dans l'histoire des corps, c'est le contour de ces corps, la surface qui les sépare des corps voisins ; lorsqu'un corps nous occupe particulièrement, nous lui réservons même le nom de corps et nous appelons ambiance ou milieu l'ensemble dont il est séparé par sa surface limitante. Une goutte d'huile lourde, suspendue dans une eau salée de même densité, est un corps défini dans un milieu connu. La surface de séparation du corps et du milieu doit séparer des choses *différentes*, sans quoi nous ne la remarquerions pas ; le corps ne serait pas défini.

En hydrostatique par exemple, on fait souvent des raisonnements qui consistent à isoler par la pensée, au sein d'un liquide homogène, une certaine quantité de ce liquide limitée par une surface choisie imaginairement ; ces raisonnements gênent toujours les élèves qui voient là-dessous une certaine supercherie, car la surface limitante d'un corps est une surface qui doit séparer des choses *différentes*.

En d'autres termes, ce qui définit un corps, c'est le contraste qui existe entre le contenu de son contour et le milieu ambiant ; c'est ce contraste qui détermine les jeux de lumière dont sont frappés nos yeux ; c'est ce contraste que nous reconnaissons par notre organe du tact. Ainsi donc, la première condition de l'existence d'un corps est qu'il soit au contact d'un ou de plusieurs corps différents. Nous ne pouvons définir un corps que par une discontinuité séparant sa substance de substances étrangères. Sans rien connaître de la physique ou de la chimie, nous devons nous dire que, à la surface d'un corps, il se passe sans cesse quelque chose qui fait que ce corps existe pour nous; sans prononcer encore le mot de conflit, nous pouvons affirmer que l'existence d'un corps est la conséquence d'un contraste entre l'ambiance et lui. La surface du corps est le siège de ce contraste.

§ 61. — LES CORPS HOMOGÈNES ET LA QUESTION D'ÉCHELLE

Ces considérations limitent déjà la fantaisie suivant laquelle nous divisons les corps; l'idée ne peut plus nous venir de découper par la pensée, en petits carrés, le paysage qui nous entoure; nous sommes naturellement amenés à y décrire des maisons, des pierres, des bois; mais il nous reste encore la possibilité de distinguer, dans les maisons par exemple, les tuiles, les pierres, le mortier, etc...; chacun de ces objets est limité par un contraste, au même titre que la maison elle-même; un corps comme la maison peut être décrit comme une agglomération de corps plus petits; mais, dans chaque pierre de la maison, dans le mortier qui joint les pierres, nous pouvons aussi remarquer des contours, des contrastes, qui font de chacun de ces corps définis des agglomérations de corps plus petits encore. Dans le granit, nous remarquons des cristaux de feldspath, de quartz et de mica; dans le mortier, nous distinguons des grains de sable noyés au milieu d'une gangue calcaire. Voilà autant de corps distincts et faciles à définir. La maison est donc une agglomération d'agglomérations d'agglomérations.

Je suppose maintenant que je détache du mortier un grain de sable qui soit, par exemple, un cristal de quartz hyalin; je sais que je pourrais briser ce corps d'un coup de marteau et le transformer en un certain nombre de fragments qui seront autant de corps différents; mais, tant que je ne me serai pas livré à cette opération, je n'aurai aucune raison pour considérer le cristal de quartz comme formé de corps distincts; son étude optique attentive ne me montrera à son intérieur aucune surface de contraste, aucun contour limitant quelque chose d'observable. C'est ce que j'exprimerai en disant que le corps en question est homogène. Mon esprit analytique s'arrêtera satisfait devant cette constatation; j'aurai enfin trouvé une *raison* de définir certains corps sans rien laisser au hasard; un corps homogène me paraîtra, non pas indivisible, mais inutile à diviser pour une description complète du monde qui m'entoure, et le but que je poursuivrai désormais, dans la description d'un objet quelconque, sera de le ramener à une agglomération de corps homogènes.

Un cristal de quartz hyalin, une goutte d'eau pure, une bulle d'air dans l'eau, sont des exemples de corps homogènes dont l'homogénéité nous frappe immédiatement, parce qu'ils sont transparents; pour des corps non transparents, nous ne pouvons affirmer l'homogénéité qu'en la détruisant, qu'en brisant ces corps pour rechercher si, à leur intérieur, ne se trouve pas de surface de discontinuité. Nous restons néanmoins très satisfaits de cette notion de l'homogénéité qui nous permet de trouver une description sûrement impersonnelle des objets; car ce qui est homogène pour moi sera également homogène pour un autre observateur humain ayant les mêmes moyens d'investigation que moi.

Ainsi, nous voilà en possession d'une formule; nous décrirons les objets ambiants en les ramenant à des agglomérations de corps homogènes; mais nous n'oublierons pas que ce sont nos organes des sens qui nous ont permis d'arriver à cette notion et nous devrons penser que la perfection de ce concept est en rapport avec la perfection de nos organes. Un daltonien trouvera homogène une sphère de cristal dans laquelle ma vision normale des couleurs me ferait distinguer des zone rouges et des zones vertes. Une goutte de lait me paraît homogène; le microscope m'y montrera des milliers de sphérules grasses baignant dans un liquide transparent; ainsi l'homogénéité des corps n'est pas encore quelque chose d'absolu; tel objet qui est homogène à une certaine échelle est formé d'éléments distincts à une autre échelle. Cependant, une goutte d'eau pure reste homogène pour l'observateur humain, quel que soit le grossissement employé; il ne faudrait pas pour cela affirmer que cette eau est homogène d'une manière absolue; il y a quelques années, une solution de savon paraissait également homogène au microscope, et aujourd'hui, grâce à la méthode d'observation en lumière diffractée[1], on a pu y *voir* des éléments distincts du milieu dans lequel ils baignent. Nous devons donc penser que, dans beaucoup de cas, un corps peut nous paraître homogène uniquement parce que les éléments discontinus qu'il contient sont d'une dimension inférieure à ce qui est pour

---

1. V. *Introduction à la Pathologie générale, op. cit.*, § 24.

l'homme la limite de la visibilité. Précisément, ces éléments invisibles au microscope ordinaire et visibles en lumière diffractée sont d'un ordre de grandeur qui doit nous intéresser infiniment, puisque des éléments de cet ordre de grandeur interviennent au premier plan dans tous les phénomènes vitaux. Nous parlerons longuement de ces suspensions très petites qui constituent l'état colloïdal.

Notre notion des corps homogènes, si elle nous a donné une définition impersonnelle, ne nous a néanmoins donné qu'une définition humaine; l'homogénéité dont nous parlons est l'homogénéité *pour l'homme;* nous ne pouvons pas prétendre à une notion quelconque dans laquelle n'intervienne pas notre nature d'homme; le mot homogène prend une valeur relative comme tous les mots de notre science. Cela est si vrai, que l'on emploie souvent, et le plus légitimement du monde, ce mot homogène pour des corps qui sont manifestement composés de corps plus petits et distincts. On dira, par exemple, qu'un tas de sable est homogène, s'il est formé de grains de sable de même dimension moyenne, de telle manière que ses propriétés *en tant que sable* soient les mêmes dans tous les endroits du tas; le sable est tel, par rapport à l'homme, qu'il nous est également facile de le décrire en tant que sable ou en tant qu'agglomération de petits cailloux séparés par des couches d'air et dont chacun peut être étudié à part; de même du lait écrémé est homogène, mais devient, au microscope, une agglomération de petits globules gras distincts.

Lorsqu'un corps est, à l'exemple du sable et du lait, susceptible d'être étudié à des échelles différentes, il est évident aussi qu'il est susceptible de subir des transformations diverses, à des échelles diverses. Le vent dispersera le sable en tant que sable sans modifier les petits cailloux qui le composent; dans une goutte de lait, les globules gras pourront, sans être modifiés en eux-mêmes, s'écarter plus ou moins les uns des autres. Nous devons toujours, quand nous observons une transformation de quelque chose, nous demander à quelle échelle se fait cette transformation. Le vent *détruit* du sable considéré comme sable, en éparpillant ses grains qui, individuellement, petits morceaux de quartz très durs, sont inattaquables par le vent. La question de l'*existence* d'un corps sera donc subordonnée au choix de l'échelle à laquelle on étudie ce corps; notre fantaisie reprend ses droits; nous pouvons nous intéresser, à notre choix, soit à la stabilité de la maison, soit à la conservation des matériaux qui constituent la maison. Et, dans l'étude de la résistance à la destruction, nous trouvons que les ennemis sont différents suivant ce que nous avons considéré comme corps défini.

Car, immédiatement, dès que nous avons défini des corps, nous devons nous demander combien de temps dureront ces corps, dans combien de temps ils seront détruits en tant que corps définis. Nous ne connaissons pas de corps immuables. L'or, le diamant, nous paraissent capables de durer très longtemps dans certaines conditions, mais dans des conditions différentes, le diamant brûle, l'or se dissout dans l'eau régale. Tous les corps que nous connaissons sont caducs quoique nous attribuions volontiers une existence illimitée à ceux qui durent plus que nous. Et par conséquent, renonçant à la notion absolue de choses qui existent indépendamment des conditions ambiantes, nous nous résignons à étudier les circonstances dans lesquelles un corps donné résiste aux phénomènes de destruction.

Ayant doué ce corps d'individualité, nous devons nous préoccuper de la conservation de cette individualité, et, parlant de lui comme de nous-mêmes, nous disons qu'il *lutte pour l'existence*. L'existence d'un corps défini quelconque nous apparaît donc comme subordonnée à une lutte perpétuelle ; bien plus, nous sommes forcés de nous avouer que ce que nous appelons un corps, l'apparence de discontinuité que nous nommons ainsi n'est que le résultat d'un contraste, d'un conflit, d'une lutte au sens propre du mot.

Nous comprenons mieux cette manière de voir, parce que nous avons étudié les corps vivants qui, pendant leur existence éphémère et d'une durée comparable à la nôtre, luttent *victorieusement* contre les conditions ambiantes ; chez les corps simples, au contraire, la lutte est masquée pour nous par une sorte d'inertie qui nous donne l'illusion de l'existence absolue.

CHAPITRE XIV

Les corps simples.

§ 62. — LES ATOMES

L'exemple grossier du tas de sable que l'on peut étudier, soit en le considérant comme sable, soit en le considérant comme formé de petits cailloux que l'on observera isolément, nous a montré l'importance de l'*échelle* dans les considérations sur la stabilité des corps ; le vent qui détruit le tas de sable en tant que sable est impuissant à modifier les cailloux composant le sable. Déjà, au cours de nos réflexions sur les corps vivants, nous avons été amenés à distinguer les modifications physiques de l'état colloïde des protoplasmas, et les modifications chimiques de leurs substances constitutives. Et c'était là une question d'échelle comme celle du tas de sable ; l'état colloïde dépendait des relations réciproques de petites masses suspendues dans un liquide ; les variations d'état colloïde étaient les variations de ces relations ; au contraire, les modifications d'état chimique se passaient dans l'intérieur même de chaque petite masse ou dans le liquide qui les sépare. Dans beaucoup de cas il y a des liens de cause à effet entre ces variations à des échelles différentes, et nous reviendrons bientôt sur l'étude de ces liens qui sont si importants en biologie. Retenons seulement, pour le moment, la notion de modifications possibles à des échelles différentes.

Les chimistes ont inventé pour nous rendre compte des phénomènes chimiques, un *modèle* qui parle à notre imagination, mais que nous ne pouvons pas observer directement. Ils supposent que les corps homogènes sont formés de molécules, beaucoup plus petites que les petites masses en suspension dans les colloïdes, et que toute transformation chimique est due à une transformation de ces édifices moléculaires. Le transformation d'une molécule dans une réaction donne d'autres molécules différentes, soit plus simples, soit plus complexes que la première.

A ceux qui raisonnent mathématiquement, aucune considération *a priori* ne permet de prévoir qu'il y aura un moment où le travail de simplification sera arrêté ; l'expérience prouve néanmoins que certains édifices moléculaires, obtenus par des réactions analytiques, ne sont plus susceptibles d'une analyse nouvelle ; ces édifices moléculaires transportent partout avec eux leurs propriétés personnelles; du moins cela se passe-t-il ainsi dans les opérations que les hommes savent faire. Jusqu'à nouvel ordre, on peut donc considérer ces édifices comme *simples*. Ce sont les corps simples des chimistes.

Si nous vivions à l'échelle des atomes et des molécules, la conséquence de l'existence des corps simples des chimistes serait pour nous que, dans tout édifice moléculaire, si compliqué qu'il fût, nous reconnaîtrions toujours les éléments constitutifs qui sont les atomes. Ces atomes que nous connaîtrions directement par le moyen de nos organes des sens qui seraient à leur échelle, seraient pour nous des *corps* et ces corps seraient immuables ; ils feraient seulement partie successivement d'édifices moléculaires différents dont la construction et la destruction correspondraient à ce que nous appelons, à notre échelle humaine, des réactions chimiques.

Ainsi donc, la chimie théorique nous laisse supposer qu'il existe des corps immuables ; ces corps ne seraient même pas l'objet d'une lutte si la théorie atomique conservait son caractère primitif; ce seraient les corps par excellence; il y aurait, dans le monde, plus de soixante espèces de ces corps immortels et intangibles; pour ces corps, le triomphe serait absolu et définitif.

Mais, d'abord, ces atomes ne sont pas des corps au sens où nous les avons définis précédemment; ce ne sont pas des corps pour nos organes des sens. La chimie arrive bien à préparer des accumulations pures d'une seule espèce de ces atomes, et ces accumulations sont vraiment des corps à notre échelle ; tels, par exemple, un morceau d'or, un morceau de fer, une goutte de mercure. Seulement, ces corps définis pour nos organes des sens, ne sont plus immuables; ils peuvent être attaqués et détruits par d'autres corps; ils n'entrent, à la vérité, que dans des réactions synthétiques, et le chimiste théoricien peut affirmer que les atomes éternels dont ils sont composés, se retrouvent, intangibles et toujours semblables à eux-mêmes, dans les composés résultant de la réaction.

Cependant, pour nous observateurs, ils disparaissent en tant que corps définis ; le fer devient de la rouille, le mercure peut se transformer en oxyde rouge ; la rouille et l'oxyde rouge sont des corps *différents* du fer et du mercure. Avec de grandes précautions, nous pouvons, pendant un temps plus ou moins long, conserver ces corps à l'abri de la destruction ; mais, toutes les fois qu'ils sont mis en présence de leurs ennemis naturels, ils sont vaincus.

Il n'existe pas pour les corps simples, non plus que pour les autres corps bruts, une condition de combat analogue à la vie, et dans laquelle, un élément chimique, luttant contre des éléments différents de lui, triomphe d'eux et s'accroît à leurs dépens. Les affirmations de l'excellent mage Tiffereau, qui, il y a quelques années encore, augmentait sa provision d'or en nourrissant ce précieux métal avec une bouillie de sels de cuivre, n'ont pas été vérifiées par des observateurs moins crédules.

Non pas qu'il soit certain qu'on ne fabriquera jamais de l'or avec d'autres éléments ; il serait téméraire d'affirmer aujourd'hui que nos connaissances chimiques sont définitives, et que nos corps simples resteront simples devant de nouveaux procédés d'analyse. Mais, si l'on arrivait à faire de l'or avec d'autres éléments, ce serait un phénomène analogue à celui qu'on réalise lorsqu'on fait la synthèse du sulfate de soude avec de l'acide sulfurique et de la soude.

Ce serait, en d'autres termes, une lutte dans laquelle les éléments mis en présence, acide sulfurique et soude, seraient tous deux vaincus et disparaîtraient en tant que corps définis, pour laisser la place à un nouveau corps, le sulfate de soude, différent des deux premiers. Il n'y aurait là rien de comparable à l'assimilation chimique qui constitue le triomphe de l'être vivant.

§ 63. — LES ÉLECTRONS

Ainsi donc, au point de vue de nos organes des sens, les corps simples n'ont pas, plus que les autres corps de la chimie, une existence définitive. Tout au plus, des considérations théoriques nous amènent-elles à penser que, si nous vivions à l'échelle moléculaire, nous trouverions, sous l'apparente destruction, qui, à l'échelle humaine, est le caractère de toute réaction chimique, une conservation d'éléments immuables, les atomes, transportés d'un édifice à un autre au cours des transformations des corps.

Même cette existence absolue des atomes, existence absolue purement théorique, des considérations nouvelles la mettent en doute. Ce qu'une théorie a fait, une autre la défait. Avant que les chimistes aient réussi à terminer l'étude des atomes dont la considération a été si féconde, les physiciens ont été amenés, par d'autres vues théoriques, à penser que les atomes n'ont rien d'immuable.

Aujourd'hui, l'on considère un atome comme un système planétaire dont le soleil serait un gros électron positif, et les planètes de petits électrons négatifs; ces petits électrons négatifs pourraient, sous l'influence d'actions que l'homme sait déterminer, être détachés du système planétaire et lancés au loin (rayons cathodiques). L'atome ne serait donc plus une chose éternelle et absolue, mais un système qui, comme tous les systèmes, aurait ses conditions de stabilité. Par exemple, l'atome d'or, cet emblème des choses durables, n'existerait, en tant qu'atome d'or, que sous l'influence de certaines circonstances ; nous n'avons plus le droit de parler d'un atome d'or envisagé *seul*, en dehors de toute intervention d'autres éléments actifs du monde, puisque nous ne savons pas si ce n'est pas à sa lutte contre ces éléments étrangers que l'atome d'or doit son existence même.

Pour trouver, dans le domaine théorique, des corps vraiment immuables, il faut donc, dès à présent, descendre au-dessous de l'échelle des atomes ; aujourd'hui, on s'arrête aux électrons ; demain, il faudra peut-être aller plus bas. L'univers tout entier, au lieu de la stabilité dont les anciens philosophes avaient doté la matière, ne nous présente que mouvement et transformation ; dans ce chaos, la vie occupe une place privilégiée, grâce au phénomène d'assimilation qui, d'un ensemble incessant de mouvements et de transformations, tire un résultat *d'apparence* statique ; encore le triomphe de l'être vivant n'est-il que partiel ; il paie, lui aussi, son tribut à la destruction universelle ; il évolue.

Parmi les corps bruts, ou non vivants, il en est cependant quelques-uns qui sont à mi-chemin entre la vie et la chimie pure ; ce sont les corps de la deuxième catégorie ou corps capables d'assimilation physique.

CHAPITRE XV

Les corps de la deuxième catégorie.

§ 64. — LES VIBRATIONS

Si l'or est l'emblème des corps durables, le *son* est celui des corps éphémères ; Rabelais payait l'odeur de la cuisine avec le son des écus du voleur. Peut-être trouvera-t on exagéré d'appeler le son un corps, et cependant, si nous avons décidé de définir les corps par nos sens, nous devons dire que le son existe pour notre oreille comme l'arc-en-ciel pour nos yeux. Et nous trouvons même, dans ces mouvements vibratoires de l'air ou de l'éther, le plus parfait exemple des corps de la deuxième catégorie, de ces corps qui sont capables d'assimiler physiquement l'ambiance. Un diapason qui vibre remplit l'air de sa vibration ; un orateur qui parle est entendu de tout un auditoire ; un phare est vu, avec sa couleur et sa période, dans un cercle de plusieurs lieues.

Il y a sûrement conquête d'espace, assimilation physique de l'ambiance par un corps vibrant. Ce n'est que de l'hérédité physique, mais une hérédité physique d'une précision admirable, puisque tous les auditeurs d'une salle entendent la même phrase avec toutes ses flexions et ses nuances; le plus bel exemple de la fixation de cette hérédité physique, c'est le phonographe pour le son, la photographie des couleurs pour la lumière. Mais il n'y a pas seulement hérédité, il y a éducation, c'est-à-dire que le phénomène vibratoire perçu en un point ne dépend pas seulement du phénomène vibratoire initial (hérédité physique), mais aussi des milieux qu'il a traversés en se propageant. La forme d'une ondulation lumineuse se modifie quand le rayon passe de l'air dans du spath d'Islande. La vibration considérée en un point résulte d'une lutte de deux facteurs, la forme de la vibration initiale et la nature de tous les milieux qu'elle a traversés pour arriver au point où on l'étudie.

Qu'est-ce d'ailleurs qu'une vibration? sinon une lutte entre un mouvement périodique réalisé par un corps et l'état d'équilibre préalablement réalisé dans le milieu ambiant; une pierre qui tombe dans de l'eau calme dérange l'équilibre préalable et trace à la surface primitivement horizontale une série de cercles concentriques dont chacun représente la lutte du mouvement imprimé par la pierre et de l'équilibre horizontal naturel aux liquides tranquilles. L'élasticité d'un corps est précisément la propriété que nous lui reconnaissons de lutter contre les causes de déformation; elle est plus ou moins développée suivant le corps; je ne veux pas m'étendre ici sur des considérations physiques qui ne sont pas de ma compétence; je dois seulement faire remarquer que, dans la lutte des êtres vivants contre le milieu, les mouvements vibratoires ne sont pas négligeables.

Les rayons lumineux nous impressionnent par les yeux, les sons attaquent nos oreilles; les rayons thermiques nous donnent une sensation de chaleur; les rayons X peuvent détruire quelques-uns de nos tissus. Il est d'ailleurs tout naturel que, dans la lutte de l'ambiance contre l'organisme vivant, les corps capables d'assimilation physique, ceux qui sont à mi-chemin entre la vie et la mort, jouent le rôle le plus important. Nous avons déjà vu précédemment l'influence, dans la lutte contre les êtres vivants, de certaines diastases appelées toxines; nous devons maintenant parler de la lutte des diastases entre elles; mais auparavant il faut rappeler l'existence d'autres corps de la deuxième catégorie que j'ai déjà signalés précédemment.

§ 65. — NOIR ANIMAL, FLAMMES, ETC.

Le noir animal, plongé dans une eau fétide, impose son état personnel à quelques-uns des gaz qui, préalablement dissous dans l'eau, sont condamnés à se dissoudre dans le morceau de charbon ; il y a assimilation physique des gaz dissous par le noir animal; mais on pourrait en dire autant de toutes les dissolutions. L'eau assimile physiquement le morceau de sucre qui y est plongé et une partie de l'air superposé; il est vrai que si l'eau dissout une partie de l'air, l'air dissout aussi une partie de l'eau qui s'y répand à l'état de vapeur. On pourrait s'amuser à raconter toute une partie de la physique dans ce langage de l'assimilation, mais ce serait une occupation puérile[1].

Les flammes sont les corps qui ressemblent le plus aux êtres vivants ; elles en diffèrent cependant comme je l'ai fait remarquer plus haut[2], par l'absence d'hérédité chimique absolue. Et cependant, la flamme étant un phénomène chimique, le résultat d'une combustion, il y a quelque chose de chimique dans l'assimilation qu'elle réalise. Si l'on nourrit une flamme avec des aliments constants, oxygène et gaz d'éclairage par exemple, elle réalise même une assimilation chimique parfaite ; mais si l'on remplace l'un des aliments par un autre, l'oxygène par du chlore, la flamme continue avec ses caractères physiques de flamme, mais avec une nature chimique différente.

Et d'ailleurs, dans cette réaction, la flamme, qui, comme la vie, est morphogène, crée des formes, nous ne retrouvons pas l'équivalent de notre théorème morphologique fondamental. La *forme* de la flamme ne dépend pas des matériaux combustibles et des matériaux comburants, mais de leur distribution ; on peut alimenter un chalumeau avec des vapeurs de benzine et de l'oxygène, et obtenir une flamme de la même forme qu'avec du gaz d'éclairage et du chlore ; seuls quelques caractères secondaires (couleur, etc.) pourront différer.

Une ressemblance intéressante entre la flamme et l'être vivant, c'est que la flamme, comme le protoplasma, *tire* vraiment à elle les aliments dont elle a

---

1. J'ai signalé plus haut l'intérêt de certaines assimilations physiques qui peuvent déterminer des réactions chimiques, telle, par exemple, l'*action de présence* de la mousse de platine qui détermine des oxydations (v. p. 114).

2. V. p. 113.

besoin; la lutte n'est pas une image, mais une réalité. Dans un bec de gaz dont je me suis longtemps servi, le robinet ne fermait pas exactement; quand je tournais la clef autant que possible, dans l'intention d'éteindre la flamme, il restait toujours une minuscule gouttelette bleue que le moindre vent eût pu éteindre, mais qui, protégée par un globe de verre, durait aussi longtemps que je le voulais; cette petite flamme se nourrissait ainsi en appelant à elle le gaz du robinet; en effet, si je la soufflais, je ne pouvais plus la rallumer ensuite en approchant une allumette du bec. Évidemment la pression naturelle du gaz était trop faible pour vaincre la résistance de l'orifice infiniment petit où des forces capillaires entraient en jeu; l'attraction alimentaire de la flamme réussissait à entretenir un courant.

§ 66. — DIASTASES ET TOXINES; COLLOIDES

La partie la plus importante du présent ouvrage a été consacrée à l'étude de la transportabilité dans les milieux morts d'une partie de l'activité vitale des êtres vivants; on donne le nom de diastases à ces particularités actives transportables; je rappelle seulement ici l'existence de ces corps qui sont aujourd'hui à l'objet de recherches très nombreuses; c'est par l'intermédiaire des diastases que les êtres vivants luttent ordinairement les uns contre les autres; c'est même pour ces diastases que s'est affirmée l'utilité du langage de la lutte. Le type le plus net de la lutte des diastases est la lutte de l'antitoxine fabriquée par un animal qui lutte contre une toxine définie: cette lutte peut se constater *in vitro*: elle se termine par le triomphe de l'antitoxine. On peut dire que l'antitoxine est la diastase spécifique de la toxine considérée comme un colloïde quelconque ; l'antitoxine est à la toxine ce que la présure est au lait ; la présure peut d'ailleurs être considérée comme l'antitoxine fabriquée par le veau contre le lait.

Nous avons été conduits, pour la symétrie du langage, à parler de la diastase formative ou morphogène de ceux des colloïdes qui se font reconnaître de nous par un caractère morphologique ; c'est en luttant contre cette diastase formative que les diastases digestives déterminent la destruction morphologique de ces colloïdes.

Ainsi, les mots colloïdes et diastases deviennent inséparables ; seulement un colloïde donné n'est considéré comme diastase que si nous connaissons un autre colloïde contre lequel il lutte *victorieusement* ; s'il n'y avait pas de lait, la présure ne nous paraîtrait pas différer des colloïdes ordinaires ; la convention symétrique qui nous a permis de parler de la lutte des diastases a seulement consisté à parler de diastase dans le corps vaincu comme dans le corps vainqueur ; alors, c'est l'existence de la diastase victorieuse qui caractérise la diastase du colloïde vaincu, comme l'antitoxine peut caractériser la toxine. Une diastase, victorieuse dans un cas (comme une toxine qui tue un animal) est vaincue dans un autre cas (comme une toxine qui est vaincue par son antitoxine).

Quand il s'agit de la toxine et de l'antitoxine, on connaît à la fois le cas de la victoire et le cas de la défaite ; pour la présure victorieuse contre le lait on connaît aussi l'antiprésure victorieuse contre la présure ; pour le lait vaincu par la présure, on ne connaît pas de cas de victoire ; ce n'est pas une raison pour ne pas parler de la diastase formative du lait, seulement cette diastase n'est caractérisée que par sa défaite [1].

Les colloïdes occupent une place intermédiaire à deux points de vue ; d'une part, ils sont à mi-chemin entre la vie et la mort, et c'est pour cela que nous les appelons corps de la deuxième catégorie ; d'autre part, ils sont à mi-chemin entre l'état solide et l'état liquide, et c'est pour cela qu'ils manifestent si souvent des phénomènes morphogènes.

Voici un exemple grossier et macroscopique qui peut être considéré comme donnant un modèle d'action diastasique digestive.

Dans un verre plein d'eau de savon, je souffle avec une paille ; j'obtiens ainsi une masse boursouflée formée de bulles polyédriques emprisonnant de l'air ; l'air emprisonné dans ces bulles est comparable aux parties du lait qui sont emprisonnées dans le coagulum produit par la présure. La masse boursouflée formée d'eau de savon et d'air a l'aspect d'un corps bien défini ; sa morphologie est évidente ; or, nous connaissons un facteur de cette morphologie, la tension superficielle de l'eau de savon au contact de l'air. Introduisons, dans l'eau de savon, un agent physique qui annule cette tension superficielle ou qui la modifie sensiblement, nous réaliserons une digestion de la masse boursouflée considérée.

En réalité, le phénomène que j'ai pris là pour

---

1. J'ai fait remarquer plus haut que la diastase n'est complètement définie ni par son origine seule ni par son résultat seul ; il faut dire « de la toxine de tétanos contre cobaye » pour avoir une définition complète.

exemple est, dans l'échelle des grandeurs, à un niveau plus élevé que les phénomènes colloïdes; le vrai colloïde de la masse boursoufflée considérée, c'est l'eau de savon, et d'ailleurs, un agent physique qui modifie la tension superficielle de l'eau de savon doit être considéré comme ayant là une action de l'ordre des actions diastasiques.

En résumé, ce qui définit une diastase, c'est une lutte. Dans le langage courant, on ne définit la diastase que par la lutte victorieuse; j'ai proposé de la définir aussi par une défaite quand nous ne connaissons pas de victoire à son actif; la défaite est aussi spécifique que la victoire; la présure est aussi nettement caractérisée par sa défaite au contact de l'antiprésure que par sa victoire au contact du lait.

Mais, c'est seulement quand on la définit par une lutte victorieuse, par une assimilation physique, que la diastase mérite d'être considérée comme un corps de la deuxième catégorie.

CHAPITRE XVI

Les corps de la troisième catégorie.

§ 67. — CHIMIE ET PHYSIQUE

Dans la troisième catégorie, il reste tous les corps qui ne sont jamais capables d'une victoire ; ce sont les corps que l'on étudie dans la chimie et dans une grande partie de la physique. Je me contenterai de signaler l'intérêt possible du langage de la lutte dans différents cas.

L'inertie est la constatation de la lutte pour l'espace ou, si l'on veut, pour la forme du mouvement ; mais jamais il n'y a victoire parfaite, du moment qu'il y a lutte ; un corps ne peut imposer à un autre corps son état de repos ou de mouvement ; si un corps doué d'une certaine vitesse rencontre un autre corps doué d'une vitesse autre, aucun des deux n'impose à l'autre sa vitesse propre ; le résultat de leur choc est une vitesse *différente* pour l'un et l'autre corps. C'est là l'origine obscure de la vérité connue sous le nom de principe de la conservation de l'énergie et peut-être aussi du principe de Carnot[1].

---

1. J'ai développé ces considérations dans un livre récent : *Les Lois naturelles*. Paris, Alcan.

La même chose se produit pour la température ; un corps chaud étant mis au contact d'un corps froid, le corps froid s'échauffe, mais jamais jusqu'à atteindre la température initiale du corps chaud ; les deux corps sont vaincus dans la lutte au point de vue température.

Le contact de deux corps différents produit une force électromotrice, et c'est là encore une forme, la plus intéressante peut-être, de la lutte des corps de la troisième catégorie ; ce phénomène si remarquable de l'électrisation de contact est l'une des choses qui contribuent le plus à combattre chez nous la notion nuisible des corps au repos ; il n'y a pas de corps au repos. La physique des électrons, arriverait presque à nous faire définir un corps : une distribution d'électricité dans un espace donné ; et il est vraisemblable que tous les phénomènes de lutte, quels qu'ils soient, se ramènent en définitive à des manifestations électriques.

C'est à ce point de vue que nous pouvons parler de l'état spécifique d'un corps ; le fer est à l'état fer et transporte avec lui l'état fer ; de même l'alcool ou l'acide sulfurique. Les corps non vivants ne peuvent jamais imposer à d'autres corps leur état personnel ; dans toute réaction chimique non vitale, les deux ennemis sont vaincus et remplacés par des corps nouveaux.

Dans tous les cas de lutte vitale, nous avons été amenés à distinguer péniblement les phénomènes physiques des phénomènes chimiques. La plus grande difficulté consistait en ce que, le plus souvent, il y avait retentissement du physique sur le chimique et réciproquement. Dans la chimie ordinaire des corps bruts nous trouvons tout au contraire une indépendance totale des phénomènes physiques et des phénomènes chimiques. Du moins cela semblait-il être, autrefois. La découverte de la dissociation a montré que, au-dessus d'une certaine température, il y a, au contraire, relation de cause à effet entre les réactions chimiques et certains phénomènes physiques; des variations de pression ou de température ne peuvent se produire alors dans un mélange de corps sans déterminer des destructions ou des constructions de molécules, et réciproquement. Il y a, entre l'état chimique et l'état physique des relations directes d'équilibre.

Il est vraisemblable que la plupart des phénomènes vitaux se passent dans des conditions analogues à celles qui sont réalisées pour les corps de la chimie brute au-dessus de la température de dissociation[1]. C'est pour cela que les actions diastasiques, quoique étant, en réalité, d'ordre physique et ayant pour résultat direct de modifier les états colloïdes des corps, se traduisent souvent en fin de compte par des réactions chimiques, parce que les substances chimiques dont nous étudions les mélanges colloïdes ont, à chaque instant, une constitution moléculaire qui est en équilibre avec l'état colloïde dans lequel elles se trouvent. Et ainsi, des luttes physiques directes se dissimulent derrière des réactions chimiques que nous constatons plus aisément. La condition physique de la vie est précisément cet état protoplasmique dans lequel il y a des relations de cause à effet entre la nature chimique des corps

1. V. *Introduction à la Pathologie générale*, op. cit.

vivants et l'état de leurs suspensions colloïdales; la vie est ainsi, pour nous observateurs, à cheval sur la chimie et sur la physique; seulement, pour des raisons d'échelle, ce sont les manifestations physiques ou morphologiques qui nous frappent le plus, parce que leur dimension est plus près de nous. La vie est essentiellement chimique, mais c'est sa physique que nous remarquons; nous ne connaissons le plus souvent les phénomènes *moléculaires* de la vie que par leur retentissement sur les phénomènes *molaires*[1] de la morphologie.

1. « De *moles* masse ». V. *Traité de Biologie, op. cit.*, ch. i.

CHAPITRE XVII

La lutte des hommes pour la possession des corps bruts.

§ 68. — ÉCONOMIE, SENTIMENT ET RAISON

Il serait étrange que, dans un ouvrage intitulé *la Lutte universelle*, il ne fut pas question de ce à quoi l'on pense d'abord quand on emploie le mot lutte : la lutte des hommes entre eux. Et cependant, c'est là le côté le moins philosophique de la question.

La véritable lutte, la lutte directe, c'est la lutte de l'homme contre le milieu; cette lutte, c'est la vie [1]; elle se manifeste de la même manière chez les vers de terre, les oursins et les salades.

Secondairement, à cause de la limitation du stock

---

1. Le langage a déjà consacré cette manière de voir dans un cas particulier, celui de la fin de la vie de l'homme. Le mot « agonie » veut dire lutte en grec; c'est la lutte finale, dans laquelle l'homme se défend, non avec ses biceps et ses ongles, mais avec tous ses moyens cachés de vaincre. On peut aussi rappeler à ce propos l'ancienne définition : « La vie est l'ensemble des fonctions qui résistent à la mort ».

d'aliments disponibles; il s'établit une lutte alimentaire entre les divers êtres vivants qui ont les mêmes besoins. C'est cette lutte alimentaire que Darwin a envisagée sous le nom de lutte pour l'existence; il l'a d'ailleurs étudiée au point de vue indirect, tandis que Lamarck, sans employer le même vocable, l'avait considérée plus en face.

Si l'on emploie le langage général de la lutte, comme nous l'avons fait ici, la lutte alimentaire contre les autres individus vivants entre dans le même cadre que la lutte directe contre le milieu, car, pour un être vivant considéré à part, tous les autres êtres vivants font partie du milieu; j'ai montré précédemment[1], à propos du fonctionnement, qu'aucun cas n'était plus favorable à une définition claire de la fonction que celui de la lutte directe contre un ennemi individualisé; c'était inclure dans la même catégorie le milieu et les êtres habitant le milieu, et c'est ainsi qu'il faut faire pour donner son maximum de généralité au principe de Lamarck : « La fonction crée l'organe ».

Dans un autre ouvrage de cette collection[2], j'ai expliqué comment l'égoïsme, loi de la vie, avait trouvé son compte dans l'association avec des êtres de même espèce. Les hommes, en s'unissant pour lutter contre le milieu et contre les autres espèces vivantes, se sont peu à peu assuré la domination du monde.

Mais aujourd'hui, l'homme, roi de la terre, s'est multiplié au point que la lutte pour l'existence divise naturellement les hommes eux-mêmes. Les

1. V. pp. 22 et 175.
2. *Les Influences ancestrales,* op. cit.

propriétaires du monde se sont partagé leur royaume qui tend à devenir trop étroit pour eux. La lutte vitale continue bien; mais avec des intermédiaires nouveaux dus aux inventions des savants, les machines; le *travail* de chacun prépare, dans une mesure variable, la vie de tous; et la division du travail social s'est faite comme la division du travail physiologique[1]. Une certaine quantité de travail est indispensable pour la préparation des substances nécessaires à tous; théoriquement, chacun n'a droit à la vie dans la société que s'il y produit sa part de travail; on a imaginé de représenter le travail de chacun par des corps solides plus durables que l'homme (or, papier, etc.), et, cette valeur conventionnelle des monnaies ayant été admise par tous[2], la lutte intrasociale se traduit aujourd'hui d'un seul mot par la lutte pour la possession de la monnaie.

L'idée de justice étant née dans le cerveau de l'homme à une époque ancienne, j'ai montré ailleurs comment[3], il arrive que les phénomènes résultant de la possession de la monnaie et de sa transmission héréditaires heurtent les idées d'égalité qu'ont naturellement tous les hommes de notre génération. Je n'ai pas à m'occuper ici de résoudre la question sociale; la biologie ne nous apprend que la nécessité de la lutte, et la noble utopie de la justice, pour être ancrée dans la mentalité de l'homme, n'a pas de

---

1. V. p. 175.
2. Si l'on admet cette origine conventionnelle de la monnaie, on en conclura que les chercheurs d'or du Klondyke ou du Transvaal, ne produisant pas d'effet utile à leurs congénères, faussent le système monétaire comme les fabricants de fausse monnaie.
3. *Les Influences ancestrales, op. cit.*

fondement scientifique. Au lieu de le reconnaître franchement, les fondateurs de religions ont préféré promettre aux hommes qu'ils sont immortels, et qu'après la mort de leur corps, leur âme assoiffée d'équité sera satisfaite.

Outre les luttes entre hommes pour la posession du numéraire [1], il y a aussi des luttes entre groupements d'hommes réunis par des intérêts ou des sentiments communs. Les sentiments ont joué autrefois un rôle prépondérant dans la genèse des guerres ; aujourd'hui, la lutte économique semble prendre la première place. Mais les moyens par lesquels on fait maintenant la guerre sont tellement scientifiques que la valeur individuelle ne s'y développe plus ; de ce côté-là comme de tous les autres, les progrès de la civilisation semblent entraîner fatalement l'abatardissement de l'espèce. La fonction crée l'organe, a dit Lamarck ; la lutte développe la résistance, ajouterons-nous : la civilisation, en évitant à l'homme les efforts ancestraux, lui enlèvera petit à petit la résistance ancestrale ; les paletots et les calorifères feron de nous une race d'enrhumés et de grelottants.

> « ... *Audax omnia perpeti*
> *Gens humana ruit per vetitum nefas.* »

a dit le poète latin.

Si l'on se place au point de vue scientifique, on n'attache que bien peu d'importance aux destinées

---

1. Je ne parle pas ici de la lutte des mâles pour la possession des femelles et des autres luttes de sentiment ; j'ai dit quelques mots de la genèse du sentiment amoureux, à la fin d'un autre livre : *Les Influences ancestrales, op. cit.*

humaines. « La vie, dit M. Poincaré [1], n'est qu'un court épisode entre deux éternités de mort et, dans cet épisode même, la pensée consciente n'a duré et ne durera qu'un moment. La pensée n'est qu'un éclair au milieu d'une longue nuit. Mais c'est cet éclair qui est tout ». Pour être vraiment sage il faudrait conclure au contraire que cet éclair lui-même n'est rien et affirmer avec l'Ecclésiaste que tout est vanité.

Il est évidemment plus philosophique de redescendre sur la terre et de ne pas s'attarder dans les nuages séduisants de la généralisation. La science de l'homme, toutes les œuvres de l'homme ne sont intéressantes que pour l'homme. Une philosophie qui s'élève assez haut pour ne plus tenir compte des contingences humaines est une philosophie inutile ou même nuisible.

Redescendons donc de notre pays d'utopie et constatons que la lutte est la loi universelle, la condition même de toute existence. Mais n'oublions pas non plus que l'homme est un homme, et que, à côté de ses tendances utilitaristes, il a des sentiments altruistes et généreux ; ces sentiments dérivent d'erreurs ancestrales ; soit ! mais ils font partie de la nature de l'homme, et nous ne pouvons pas faire comme s'ils n'existaient pas. Helmholz disait de l'œil humain que si un fabricant lui avait fourni un aussi mauvais appareil d'optique, il aurait changé de fournisseur. Cela ne l'a pas empêché de se servir de ses yeux, n'ayant rien de mieux à mettre à la place. Faisons comme lui pour nos sentiments ; ils sont trompeurs peut-être, mais ils existent et nous devons en tenir compte. Le

---

1. *La Valeur de la Science*, p. 276.

raisonnement nous enseigne que la lutte est la grande loi, mais le raisonnement scientifique est incomplet ; il ne tient pas compte des vieilles erreurs qui sont peut-être ce que nous avons de meilleur en nous ; la dernière lutte dont nous devrions parler ici est la lutte du sentiment contre la raison.

TABLE DES MATIÈRES

INTRODUCTION

Pages

Le notion de lutte et l'hérédité généralisée   1

LIVRE PREMIER

LA LUTTE CHEZ LES CORPS DE LA PREMIÈRE CATÉGORIE OU CORPS VIVANTS

CHAPITRE PREMIER

L'état vivant et l'influence vitale

§ 1. La notion d'individualité 27
§ 2. La lutte pour l'espace 28
§ 3. État physique et identité chimique 31
§ 4. L'assimilation chimique est caractéristique de la vie . . 34
§ 5. La spécificité des substances vivantes. 36
§ 6. L'état protoplasmique et les colloïdes. 39

CHAPITRE II

Histoire d'une vacuole digestive

§ 7. Définition de la vacuole 45
§ 8. La digestion ou assimilation physique, première étape de la conquête. 47
§ 9. Spécificité de l'acte digestif. 53

§ 10. Première notion de la transportabilité partielle des facteurs physiques de la lutte vitale 58
§ 11. Le triomphe n'est jamais certain; il dépend des circonstances 63

CHAPITRE III

La lutte d'un corps vivant contre un corps vivant

§ 12. Lutte indirecte et corps à corps 67
§ 13. L'acinétien suceur 70
§ 14. Lutte directe du microbe et de l'hôte 72
§ 15. La vie de l'être envisagée dans le milieu 74
§ 16. Spécificité des habitudes résultant des luttes 78
§ 17. Symétrie de la narration globale de la lutte 83
§ 18. Maladie aiguë 84
§ 19. Analyse de la lutte, côté microbe 88
§ 20. Analyse de la lutte, côté hôte 93
§ 21. Lutte directe et télépathie 99
§ 22. Les organes des sens et la lutte contre le milieu . . . 105
§ 23. La lutte directe est plus rare chez l'homme en dehors des cas de maladie; le souvenir et la victoire partielle du milieu 108

CHAPITRE IV

La lutte des corps vivants contre les corps de la deuxième catégorie et les corps bruts

§ 24. Les corps de la deuxième catégorie dont la lutte contre les êtres vivants ne présente pas d'intérêt : flammes, etc. 112
§ 25. La lutte alimentaire et les antidiastases 114
§ 26. Généralisation de la notion de diastase. La diastase formative ou morphogène et la tuberculine de Behring . . 119
§ 27. Le système nerveux et la fabrication des antitoxines . . 125
§ 28. L'ennemi 129
§ 29. Une définition biologique du progrès 129

LIVRE II

LA PAIX ARMÉE CHEZ LES CORPS VIVANTS

CHAPITRE V

Symbiose et maladies chroniques

	Pages
§ 30.	133

CHAPITRE VI

Étude philosophique de la tuberculose

§ 31. Le tubercule	137
§ 32. La question du terrain	142
§ 33. Contagion et danger de la tuberculose	148
§ 34. Immunité naturelle ou acquise dans la tuberculose	151
§ 35. L'avenir de la tuberculose considérée comme symbiotique	157

CHAPITRE VII

La symbiose nécessaire

§ 36. Les orchidées, plantes incomplètes, ont besoin d'un champignon pour vivre	160
§ 37. La mutation ou variation brusque chez les orchidées vivant en symbiose avec des champignons	164

CHAPITRE VIII

Les facteurs de la vie

§ 38. La vie, lutte de deux facteurs	167
§ 39. Les victoires partielles du milieu	170
§ 40. Le théorème morphologique	172
§ 41. La division du travail physiologique	175

LIVRE III

LA LUTTE SEXUELLE

CHAPITRE IX

Définition des divers sens du mot sexe

	Pages
§ 42. Pas d'étalon absolu de sexe génital	181
§ 43. Le sexe somatique	189
§ 44. Le sexe morphologique	194
§ 45. Le sexe parthénogénétique	196
§ 46. Les femelles incomplètement femelles	199

CHAPITRE X

La lutte des éléments sexuels dans la fécondation

§ 47. La lutte pour le patrimoine héréditaire	203
§ 48. La lutte pour le sexe somatique	207

LIVRE IV

LE PROBLÈME DE L'APPARITION DE LA VIE

CHAPITRE XI

Le transformisme permet de ramener le problème à celui de l'apparition d'une masse vivante élémentaire

§ 49.	211

CHAPITRE XII

La génération spontanée ou apparition des corps qui triomphent dans la lutte

§ 50. De Lucrèce à Pasteur	216
§ 51. Vitalisme et morts provisoires	220
§ 52. Difficultés théoriques provenant des cas où la vie manifestée est suspendue	225

§ 53. Notre ignorance de la structure des corps vivants. . .	233
§ 54. Hypothèse d'une influence ressuscitante des rayons du radium (?).	234
§ 55. Les radiobes seraient un type nouveau d'êtres vivants.	236
§ 56. Les radiobes n'auraient que l'apparence physique de la vie.	237
§ 57. Quelle serait l'espèce obtenue par la génération artificielle si on la réalisait.	239
§ 58. Génération spontanée et dissymétrie moléculaire . . .	241

LIVRE V

LA LUTTE DES CORPS BRUTS

CHAPITRE XIII

La définition des corps dans le monde inanimé

§ 59. Libres conventions dans la définition des corps bruts.	247
§ 60. Le contour des corps	254
§ 61. Les corps homogènes et la question d'échelle.	258

CHAPITRE XIV

Les corps simples

§ 62. Les atomes.	264
§ 63. Les électrons.	268

CHAPITRE XV

Les corps de la deuxième catégorie

§ 64. Vibrations.	270
§ 65. Flammes, noir animal, etc.	272
§ 66. Diastases et toxines; colloïdes.	274

CHAPITRE XVI

Les corps de la troisième catégorie

§ 67. Chimie et physique. 278

CHAPITRE XVII

La lutte des hommes pour la possession des corps bruts

§ 68. Économie, sentiment et raison. 282

www.ingramcontent.com/pod-product-compliance
Lightning Source LLC
Chambersburg PA
CBHW071132160426
43196CB00011B/1876